PUBLIFOLHA

fique em forma em 8 semanas

Programa completo de exercícios para você praticar em casa e ficar com o corpo perfeito

JOAN PAGANO

Um livro da Dorling Kindersley
www.dk.com

Para James

Título original: *8 Weeks to a Younger Body*

Coordenação do projeto: Publifolha
Assistência editorial: Camila Saraiva
Coordenação de produção gráfica: Soraia Pauli Scarpa
Assistência de produção gráfica: Mariana Metidieri

Produção editorial: Estúdio Sabiá
Edição: **Silvana Salerno**
Tradução: **Ibraíma Dafonte Tavares**
Preparação de texto: **Nina Rizzo**
Revisão: **Ceci Meira, Célia Regina Rodrigues de Lima, Hebe Lucas**
Editoração eletrônica: **Pólen Editorial**

Edição original: Dorling Kindersley
Editora do projeto: Irene Lyford
Editora de arte do projeto: Miranda Harvey
Editora de arte sênior: Peggy Sadler
Gerente editorial: Penny Warren
Gerente de arte: Marianne Markham
Gerente de publicações: Gillian Roberts
Diretora de publicações: Mary-Clare Jerram
Projeto gráfico: Vicky Read
Diagramação: Sonia Charbonnier

Consulte um médico antes de iniciar os exercícios propostos neste livro.

Dados Internacionais de Catalogação na Publicação (CIP)
(Câmara Brasileira do Livro, SP, Brasil)

Pagano, Joan
Fique em forma em 8 semanas / Joan Pagano ; [tradução Ibraíma Dafonte Tavares]. – São Paulo : Publifolha, 2008.

Título original: 8 weeks to a younger body.
ISBN 978-85-7402-947-4

1. Aptidão física 2. Exercícios físicos 3. Longevidade 4. Movimento 5. Qualidade de vida 6. Saúde - Promoção I. Título.

08-06791 CDD-613.71

Índices para catálogo sistemático:
1. Atividade física e saúde : Educação física 613.71

Este livro foi impresso em agosto de 2008 pela gráfica R.R. Donnelley, sobre papel couché fosco 115 g/m².

PUBLIFOLHA
Divisão de Publicações do Grupo Folha
Al. Barão de Limeira, 401, 6º andar
CEP 01202-900, São Paulo, SP
Tel.: (11) 3224.2186/ 2187/ 2197
www.publifolha.com.br

SUMÁRIO

antes de começar

Corpos em mutação 8
Como usar este livro 10
Você está em forma? 12
Como você se classifica? 24
Músculos e exercício 28

treino de resistência

Introdução 32

56-65 anos: programa

Aquecimento 38-43
Levantamento explosivo 44
Passo lateral 45
Afundo e agachamento 46
Cruzamento de braço 48
Panturrilha/tornozelo 50
Desenvolvimento 51
Supino inclinado 52

Flexão/extensão dos ombros 53
Rosca bíceps dupla 54
Tríceps com faixa elástica 55
Abdominal invertida 56
Abdominal básica 57

46-55 anos: programa
Aquecimento 58-64
Relógio do equilíbrio 65
Agachamento lateral com pesos 66
Joelho e braços para cima 67
Afundo e meio agachamento 68
Extensão do tornozelo 70
Remada unilateral 71
Elevação dos ombros 72
Flexão de braço modificada 74
Crucifixo 75
Tríceps banco 76
Abdominal com bicicleta 77
Abdominal alternada 78
Prancha com joelho flexionado 79

36-45 anos: programa
Aquecimento 80-84
Agachamento com bola 85
Afundo com bola 86
Agachamento e elevação do joelho 87
Elevação posterior das pernas 88
Remada simultânea 89
Pullover 90
Supino com pesos 91
Extensão do tríceps 92
Rosca bíceps 93
Oblíquos com bola 94
Empurrar/puxar a bola 95
Canivete com bola 96
Canivete com bola avançado 97

26-35 anos: programa
Aquecimento 98-103
Meio agachamento com desenvolvimento 104
Peso morto 106
Elevação posterior da perna 107
Plié com elevação frontal dos ombros 108
Remada alternada com inclinação do tronco 109
Crucifixo invertido/extensão do ombro 110
Flexão de braço com um toque 112
Tríceps com coice 113
Rosca concentrada 114
Abdominal completa 115
    Rotação do tronco com peso 116
    Rotação do tronco com peso: avançado 117

treino de flexibilidade
Introdução 120

56-65 anos: alongamento
Rotação da pelve 122
Flexão unilateral do joelho 123
Flexão simultânea dos joelhos 123
Músculos posteriores da coxa 124
Rotação do quadril 125
Esfinge 126
Postura da criança 127
Arco e curva 128

46-55 anos: alongamento
Alongamento do tórax 130
Parte posterior dos ombros 130
Alongamento lateral do tronco 131
Alongamento de tríceps e tronco 131
Panturrilha 132
Quadríceps 132
Músculo flexor do quadril 133
Músculos posteriores da coxa 133

36-45 anos: alongamento
Alongamento da coluna 134
Postura da criança com rotação do
    tronco 135
Alongamento dos oblíquos 136
Alongamento posterior da coxa 136
Flexor do quadril 137
Alongamento do 4 (parte externa
    da coxa) 137

26-35 anos: alongamento
Seqüência do guerreiro modificada 138-141

treino cardiovascular
Introdução 144

56-65 anos: caminhada 148

46-55 anos: caminhada 150

36-45 anos: caminhada 152

26-35 anos: caminhada 154

Endereços úteis 156
Índice remissivo 157
Agradecimentos 160
    Sobre a autora 160

Reserve um momento para refletir sobre o processo de renovação que você está prestes a iniciar com este programa... Imagine-se atingindo seus objetivos, com o corpo e o espírito mais jovens.

antes **de começar**

CORPOS **EM MUTAÇÃO...**

Inevitavelmente, tudo muda: surge um pneuzinho na cintura que interfere no caimento das roupas; você nota que está menos flexível pela manhã; prefere as escadas rolantes às fixas; o reflexo da vitrine revela que você não é tão aprumada quanto pensava. Todos temos lampejos de consciência durante os quais percebemos que poderíamos estar melhor.

Você está velha demais para sua idade?

Sem exercícios físicos regulares, o corpo envelhece mais depressa do que o necessário. O que nos torna velhas são as limitações que nos impedem de desfrutar a vida. Todo mundo deseja ser capaz de manter as atividades diárias sem cansaço e com energia de sobra. A capacidade de lidar com as demandas físicas do dia-a-dia reflete a idade do corpo (ou a idade funcional). Apesar de a genética ter seu papel, o mais importante é comprometer-se com um programa de exercícios físicos balanceado.

Como atrasar o relógio biológico

Duas décadas como personal trainer me convenceram de que podemos atrasar o relógio biológico. Tinha cerca de 30 anos quando me interessei por condicionamento físico, tanto pessoal como profissionalmente. Os anos de esportes no colégio e na faculdade eram mera lembrança; uma carreira desgastante no ramo de restaurantes em Nova York cobrava seu preço, e, aos 35 anos, eu me sentia como se tivesse 45. Uma amiga sugeriu a ioga.

Na época eu não sabia, mas esse primeiro passo me abriu um caminho de crescimento pessoal e mudança de carreira. Eu queria aprender depressa, e logo obtive as credenciais para dar o salto definitivo. Adorava tudo – musculação, alongamento, aulas de aeróbica, um pouco de corrida. A corrida começou sem compromisso, mas culminou com a conclusão de sete maratonas em cinco anos. A preocupação com o risco de lesões por excesso de exercícios e seus efeitos potenciais a longo prazo convenceram-me, entretanto, a retomar um programa de ginástica mais moderado e balanceado. Persistência, ajustes progressivos e conhecimento das limitações pessoais são as outras variáveis da fórmula do sucesso.

Idade não é obstáculo

Minhas clientes me servem de inspiração e são a prova viva de que a boa forma física é uma vantagem. Elas têm entre 14 e 94 anos e apresentam níveis variados de condicionamento e de saúde. Em comum, têm o fato de se esforçarem para manter seu melhor desempenho e de saberem que um programa de treinamento é essencial para o êxito. Seja uma executiva de alto nível, uma estudante de segundo grau, uma mãe vigorosa, uma sobrevivente de câncer de mama ou uma aposentada ativa, todas se dedicam a uma rotina de condicionamento físico.

Como revigorar o corpo

Com a ajuda deste livro, você obterá as ferramentas necessárias à revitalização de seu corpo. O primeiro passo é descobrir a idade funcional dele. Isso pode ser feito por meio de uma série de testes e medidas simples, que podem ser realizados em casa (*ver pp. 12-23*). Os resultados irão ajudá-la a avaliar seu nível de condicionamento atual e a identificar pontos fortes e fracos em três áreas essenciais: capacidade cardiovascular, força e resistência musculares e flexibilidade. Comparando seus resultados com os de outras mulheres da mesma idade, você saberá sua classificação (*ver pp. 24-27*).

Essa auto-avaliação servirá de guia para um programa de treinamento sob medida para seu atual estado físico. Seguindo-o por oito semanas, você reduzirá sua idade corporal com o desenvolvimento da força muscular, perda de peso, aumento da flexibilidade e da capacidade cardiovascular.

Quanto você poderá atrasar seu relógio biológico vai depender, em parte, de seu condicionamento inicial. Se você partir de um nível abaixo da média para sua faixa etária, deverá fazer mais progressos no início, mas aquelas com nível inicial acima da média também poderão melhorar a forma e "rejuvenescer", alcançando as médias das mais jovens. Quanto mais tempo você dedicar ao treino, melhores serão os resultados. Se você melhorar seu condicionamento e continuar a seguir programas para grupos de menor faixa etária, poderá literalmente "eliminar uma década". A boa forma mudou meu corpo e minha vida: um programa de exercícios balanceado também pode mudar seu corpo e sua vida.

A idade de seu corpo representa qualidade de vida – sua idade cronológica é apenas um número.

***Para obter o máximo de benefícios e** evitar lesões, é essencial prestar atenção à postura e à execução de cada exercício.*

COMO USAR ESTE LIVRO

O objetivo deste livro é fazer o seu relógio biológico andar para trás com um programa de exercícios personalizado. Por isso ele foi projetado numa seqüência simples: avaliação do nível atual de condicionamento e da rotina de exercícios; comparação do seu condicionamento – segundo o resultado dos testes iniciais – ao da média das mulheres da mesma faixa etária; e treinos aeróbicos, de resistência e de flexibilidade adequados às suas necessidades.

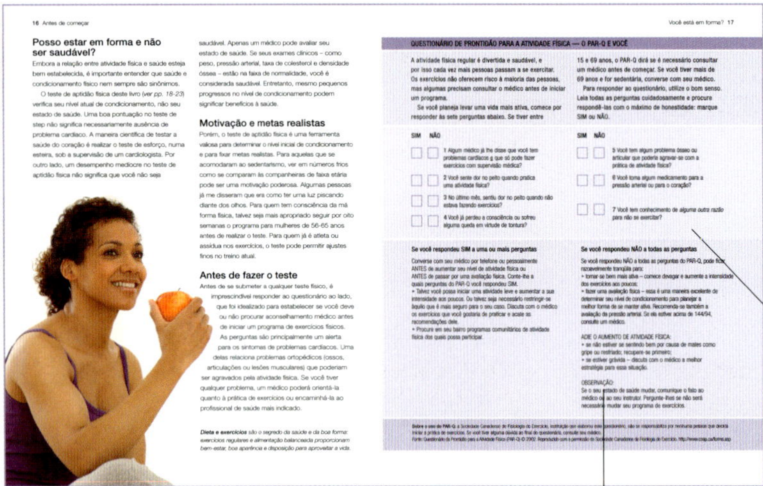

1 O primeiro passo é avaliar seu condicionamento físico atual com questionários que identificam sua rotina de exercícios, sua taxa de gordura corporal e os fatores médicos que podem interferir no seu programa de exercícios (*ver pp. 12-17*).

O questionário da página 13 avalia seu condicionamento em três áreas: capacidade cardiovascular, força dos músculos e flexibilidade

O questionário ressaltará seus pontos fortes e suas fragilidades, indicando onde é preciso concentrar esforços

2 A seguir você será convidada a realizar cinco testes para comparar seu desempenho ao da média das mulheres da sua idade. Os testes avaliam a capacidade cardiorrespiratória (*pp. 18-19*), a força dos músculos (*pp. 20-21*) e sua flexibilidade (*pp. 22-23*).

Após cada teste, anote a pontuação no espaço apropriado. Aqui, o sistema cardiovascular é avaliado com a medida do pulso antes e depois dos exercícios (*ver pp. 18-19*)

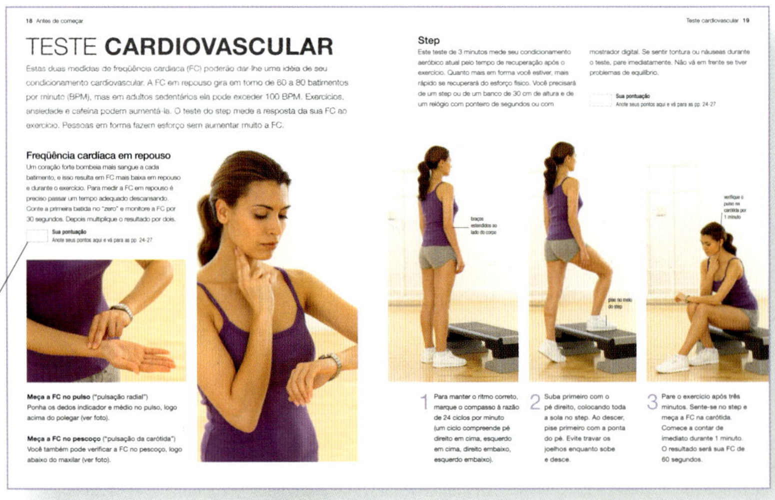

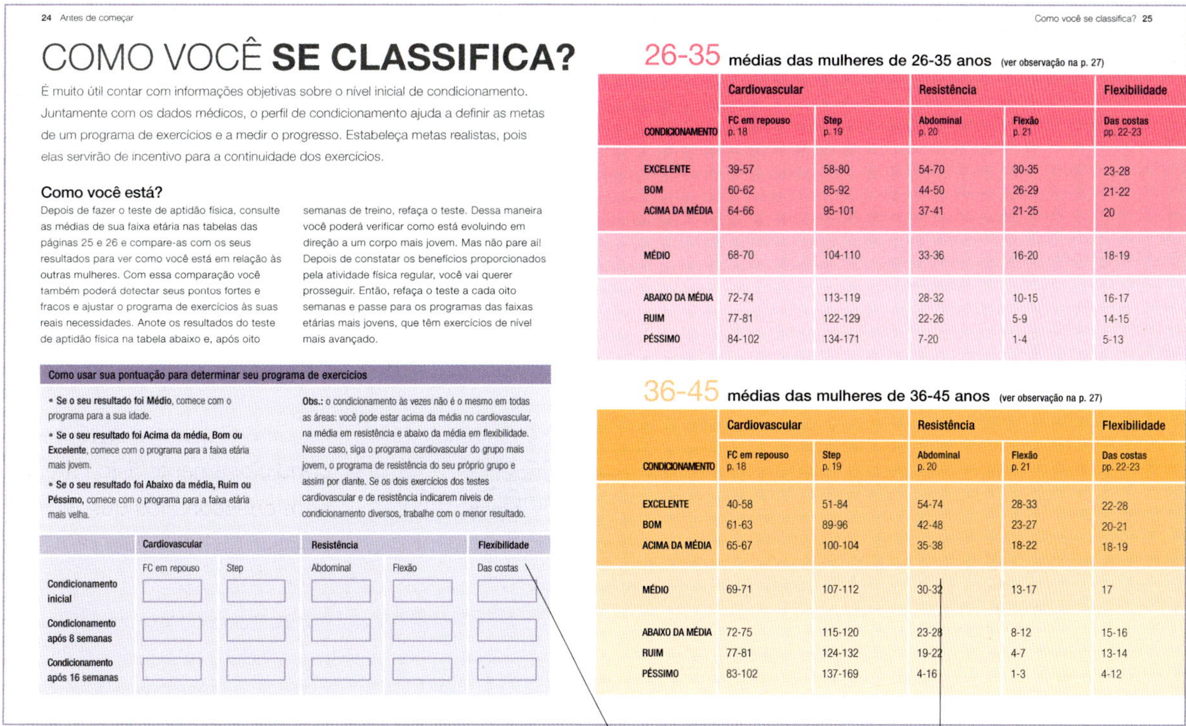

24 Antes de começar

COMO VOCÊ **SE CLASSIFICA?**

É muito útil contar com informações objetivas sobre o nível inicial de condicionamento. Juntamente com os dados médicos, o perfil de condicionamento ajuda a definir as metas de um programa de exercícios e a medir o progresso. Estabeleça metas realistas, pois elas servirão de incentivo para a continuidade dos exercícios.

Como você está?

Depois de fazer o teste de aptidão física, consulte as médias de sua faixa etária nas tabelas das páginas 25 e 26 e compare-as com os seus resultados para ver como você está em relação às outras mulheres. Com essa comparação você também poderá detectar seus pontos fortes e fracos e ajustar o programa de exercícios às suas reais necessidades. Anote os resultados do teste de aptidão física na tabela abaixo e, após oito semanas de treino, refaça o teste. Dessa maneira você poderá verificar como está evoluindo em direção a um corpo mais jovem. Mas não pare aí! Depois de constatar os benefícios proporcionados pela atividade física regular, você vai querer prosseguir. Então, refaça o teste a cada oito semanas e passe para os programas das faixas etárias mais jovens, que têm exercícios de nível mais avançado.

Como usar sua pontuação para determinar seu programa de exercícios

- **Se o seu resultado foi Médio**, comece com o programa para a sua idade.
- **Se o seu resultado foi Acima da média, Bom ou Excelente**, comece com o programa para a faixa etária mais jovem.
- **Se o seu resultado foi Abaixo da média, Ruim ou Péssimo,** comece com o programa para a faixa etária mais velha.

Obs.: o condicionamento às vezes não é o mesmo em todas as áreas: você pode estar acima da média no cardiovascular, na média em resistência e abaixo da média em flexibilidade. Nesse caso, siga o programa cardiovascular do grupo mais jovem, o programa de resistência do seu próprio grupo e assim por diante. Se os dois exercícios dos testes cardiovascular e de resistência indicarem níveis de condicionamento diversos, trabalhe com o menor resultado.

	Cardiovascular		Resistência		Flexibilidade
	FC em repouso	Step	Abdominal	Flexão	Das costas
Condicionamento inicial					
Condicionamento após 8 semanas					
Condicionamento após 16 semanas					

Como você se classifica? 25

26-35 médias das mulheres de 26-35 anos (ver observação na p. 27)

CONDICIONAMENTO	Cardiovascular: FC em repouso p. 18	Cardiovascular: Step p. 19	Resistência: Abdominal p. 20	Resistência: Flexão p. 21	Flexibilidade: Das costas pp. 22-23
EXCELENTE	39-57	58-80	54-70	30-35	23-28
BOM	60-62	85-92	44-50	26-29	21-22
ACIMA DA MÉDIA	64-66	95-101	37-41	21-25	20
MÉDIO	68-70	104-110	33-36	16-20	18-19
ABAIXO DA MÉDIA	72-74	113-119	28-32	10-15	16-17
RUIM	77-81	122-129	22-26	5-9	14-15
PÉSSIMO	84-102	134-171	7-20	1-4	5-13

36-45 médias das mulheres de 36-45 anos (ver observação na p. 27)

CONDICIONAMENTO	Cardiovascular: FC em repouso p. 18	Cardiovascular: Step p. 19	Resistência: Abdominal p. 20	Resistência: Flexão p. 21	Flexibilidade: Das costas pp. 22-23
EXCELENTE	40-58	51-84	54-74	28-33	22-28
BOM	61-63	89-96	42-48	23-27	20-21
ACIMA DA MÉDIA	65-67	100-104	35-38	18-22	18-19
MÉDIO	69-71	107-112	30-32	13-17	17
ABAIXO DA MÉDIA	72-75	115-120	23-28	8-12	15-16
RUIM	77-81	124-132	19-22	4-7	13-14
PÉSSIMO	83-102	137-169	4-16	1-3	4-12

Depois de comparar seus resultados com a média da sua faixa etária, anote seu condicionamento em cada categoria e descubra quais programas você deve seguir

Estas tabelas apresentam as médias com as quais você deverá comparar os resultados obtidos nos cinco testes de avaliação

3 Depois de realizar os cinco testes, compare a pontuação com os valores médios de sua faixa etária. Assim você poderá adaptar o programa de exercícios ao seu nível atual de condicionamento físico e avaliar o progresso ao final.

Os exercícios de resistência têm três níveis de intensidade, que você deve seguir em seu ritmo

4 Guiando-se pelos resultados dos testes, escolha o programa adequado em cada área – resistência, flexibilidade e capacidade cardiovascular – para 8 semanas. Depois refaça os testes (*ver pp. 18-23*) para ver quanto você evoluiu.

96 Treino de resistência

Canivete com bola

Embora este exercício trabalhe todo o abdome, você vai sentir o músculo mais profundo da área, o transverso (*ver pp. 28-29*). Não tente a versão avançada (*página ao lado*) até dominar o nível 3 da versão básica.

Comece no nível 1 e siga em seu próprio ritmo até os níveis 2 e 3	
NÍVEL 1	10 repetições: 1-2 séries
NÍVEL 2	12-15 repetições: 1-2 séries
NÍVEL 3	20 repetições: 1-2 séries

1 Deite-se na bola em decúbito dorsal (*ver pp. 34-35*) e leve as mãos à frente até a canela estar totalmente apoiada no alto da bola. Pernas e pés devem estar unidos e os pulsos alinhados com os ombros. O corpo tem de formar uma linha reta da cabeça aos calcanhares. Inspire.

2 Ao expirar, contraia o abdome e flexione os joelhos na direção do tórax, puxando a bola para baixo do quadril. Inspire ao esticar as pernas para empurrar a bola de volta à posição inicial. Repita conforme as instruções, mantendo a cabeça e a coluna alinhadas.

Alternativa mais fácil
Se você for iniciante, modifique o movimento: comece com a bola sob as coxas e role-a com os joelhos, não com a canela.

36-45 anos: programa 97

Canivete com bola avançado

1 Role sobre a bola até apoiar nela a canela. Os pulsos devem estar alinhados aos ombros. Use a força da musculatura abdominal para manter o corpo alinhado. Inspire.

DICA DA JOAN: *Mantenha cabeça, coluna e pescoço alinhados ao flexionar o quadril.*

2 Expire ao contrair o abdome e levantar o quadril num movimento contínuo, de modo a formar com o corpo um "V" invertido. Faça uma pausa, inspire e volte lentamente à posição inicial. Repita.

Em algumas páginas há sugestões de variações mais fáceis ou mais difíceis do exercício proposto

VOCÊ ESTÁ **EM FORMA?**

Depende de você escolher um estilo de vida que lhe proporcione saúde e um bom condicionamento físico. A boa forma física contribui para a saúde geral, pois aumenta a disposição e a alegria de viver e melhora a aparência. Nessas condições, você se mantém jovial por mais tempo. Mas é possível estar em forma e não ser saudável? Ou ser saudável sem estar em forma? Neste capítulo, examinaremos essas questões.

Capacidade cardiovascular, força e resistência musculares, flexibilidade e estrutura corporal são os aspectos do condicionamento físico mais diretamente relacionados com a saúde e com os riscos de desenvolver certas doenças – especialmente aquelas associadas ao sedentarismo.

Benefícios do condicionamento cardiovascular

Um sistema cardiovascular em boa forma está associado a coração forte, freqüência cardíaca baixa, risco reduzido de infarto e maior chance de sobreviver a um. O exercício aeróbico regular reduz a pressão arterial e a taxa de colesterol ruim, evitando a formação de placas nas artérias (aterosclerose). Ele também pode aumentar a taxa do bom colesterol, além de melhorar a circulação e a capacidade do sangue de transportar oxigênio pelo organismo. Um bom condicionamento cardiovascular diminui ainda o risco de desenvolver certos tipos de câncer (cólon, mama e próstata), obesidade, diabetes, osteoporose, depressão e ansiedade.

Força e resistência musculares

Com músculos fortes e resistentes (capazes de exercer esforço e de realizar movimentos repetitivos, respectivamente) você se exercita com mais eficiência, menos cansaço, menos dores musculares e nas costas. O fortalecimento de músculos e articulações permite o aumento da intensidade e da duração do treino cardiovascular, melhorando seu desempenho esportivo. Além disso, enquanto exercita os músculos, você contribui para a manutenção da densidade óssea e reduz o risco de desenvolver osteoporose.

Alongamento e flexibilidade

A capacidade de alongar os músculos e de manter a amplitude dos movimentos das articulações é outro aspecto do condicionamento muscular. O alongamento ajuda a melhorar a postura porque reduz a tendência de certos músculos de se encurtar ou enrijecer, além de se contrapor às contrações produzidas pelas atividades cotidianas e de descarregar a tensão dos músculos.

Como está sua rotina?

Um programa de exercícios balanceado tem uma estrutura definida e inclui treino aeróbico, treino de resistência e alongamento. O questionário ao lado baseia-se em diretrizes que estabelecem que os exercícios físicos, para ter eficácia, devem ser realizados com freqüência, intensidade e tempo suficientes.

A freqüência, ou a regularidade com que você realiza exercícios, varia de dois dias (treino de resistência) a seis dias por semana (atividades aeróbicas).

A intensidade, ou o vigor com que você pratica exercícios, também depende do tipo de atividade, mas em geral é preciso mais esforço do que o normal.

O tempo, ou a duração das sessões, varia de acordo com a freqüência e a intensidade, mas deve ser de pelo menos 30 minutos para ser eficaz.

E VOCÊ ACHA QUE ESTÁ EM FORMA...

Você pode pensar que está em forma porque vai à academia uma ou duas vezes por semana ou porque joga tênis aos sábados, mas o verdadeiro condicionamento físico depende de um programa bem-feito, que inclua trabalho cardiovascular, exercícios de resistência e alongamento. Para classificar sua rotina, leia as perguntas abaixo e circule as respostas que descrevam com mais precisão as suas atividades nos últimos 6-8 meses. As respostas ajudarão a descobrir quais áreas vêm sendo negligenciadas.

Exercícios cardiovasculares (aeróbicos)

Caminhar rápido, trotar, correr, pular corda, pedalar, nadar, subir escadas, fazer step, dançar (todas as modalidades), fazer exercícios aeróbicos na água, andar de skate, esquiar, praticar kick-boxing.

Freqüência

- 5-6 vezes por semana [1]
- 3 vezes por semana [2]
- Menos de uma vez por semana [3]

Intensidade

- Respiração pesada, transpiração [1]
- Respiração moderada, transpiração [2]
- Respiração leve, sem transpiração [3]

Tempo

- Mais de 30 minutos por sessão [1]
- 20-30 minutos por sessão [2]
- Menos de 10 minutos por sessão [3]

Exercícios de força

Inclui pesos, aparelhos e faixas elásticas. O programa deve conter 8-10 exercícios destinados aos maiores grupos musculares (pernas, costas, tórax, ombros, braços, abdome), com 8-12 repetições.

Freqüência

- 3 sessões completas por semana [1]
- 2 sessões completas por semana [2]
- 1 sessão completa ou menos [3]

Intensidade

- Dificuldade nas últimas repetições [1]
- Faz 12-15 repetições [2]
- Faz mais de 20 repetições [3]

Tempo

- 2-3 séries de 8-12 repetições [1]
- 1 série de 12-15 repetições [2]
- 1 série de mais de 20 repetições [3]

Alongamento

Atividades como ioga e pilates e outras formas de alongamento estático realizadas de forma lenta e sustentadas por um tempo. Deve alongar os músculos acionados nos exercícios de força.

Freqüência

- 4-7 dias por semana [1]
- 2-3 dias por semana [2]
- 1 dia por semana ou menos [3]

Intensidade

- Trabalho contínuo de cada músculo [1]
- Soltura gradual de juntas enrijecidas [2]
- Dores e movimentos restritos [3]

Tempo

- 20-30 segundos por alongamento [1]
- 10-15 segundos por alongamento [2]
- 5 segundos por alongamento [3]

Pontuação:

Responda a todas as questões, some os números circulados para obter sua pontuação e confira ao lado a categoria em que você se inclui. Além disso, examine suas respostas em cada categoria e procure descobrir os pontos fortes e os fracos. Essa informação deverá orientar seus programas de exercícios no futuro. Lembre-se: o objetivo é o condicionamento físico completo.

0-9 Muito ativa: você otimiza os exercícios nas três áreas e está preparada para avançar no treino.

10-18 Satisfatório: você faz o mínimo recomendado para alcançar resultados nas três áreas e se encontra no nível intermediário.

19-27 Inativa: se você está bem em uma área mas ignora as outras, procure chegar a um equilíbrio. Se você simplesmente não se exercita, comece um programa e avance devagar.

Estrutura física e saúde

Um corpo esbelto e tonificado é o que a maioria de nós deseja – e o ideal de um corpo jovem motiva muitas mulheres a freqüentar academias e a controlar a alimentação.

Mas a estrutura física e a forma do corpo vão além da aparência: estão intimamente relacionadas ao bom condicionamento e à saúde. Com uma estrutura física ótima, que inclua uma proporção elevada de massa magra, você minimiza o risco de desenvolver doenças relacionadas à distribuição de gordura pelo corpo.

Você é pêra ou maçã?

Estudos demonstram que cintura grande oferece mais risco de infarto, hipertensão e diabetes do que quadril e coxas amplos. É considerada excessiva uma cintura com mais de 89 cm (para mulheres) e 104 cm (para homens). Essa relação entre a forma do corpo e doenças é sintetizada nos conceitos de "maçã" e "pêra": quem acumula gordura na cintura é descrito como maçã; e quem acumula gordura no quadril e nas coxas é descrito como pêra. As pessoas do tipo maçã apresentam risco maior de desenvolver doenças associadas à obesidade. Apesar de a forma de seu corpo ser herança genética, você pode minimizar os riscos à saúde por meio do controle do peso e do condicionamento físico.

Verifique a relação entre cintura e quadril

Outra maneira simples de determinar a distribuição de gordura pelo corpo é calcular a proporção entre cintura e quadril, que também está relacionada a riscos à saúde.

1 Meça a cintura logo acima do umbigo e abaixo das costelas.

2 Meça a circunferência máxima do quadril.

3 Divida a medida da cintura pela do quadril para determinar a proporção entre elas.

Por exemplo:

Cintura = 76 cm

Quadril = 102 cm

Proporção cintura-quadril = 76 ÷ 102 = 0,75

Os riscos à saúde aumentam quando essa proporção é alta: em mulheres entre 20 e 39 anos, um valor superior a 0,79 é considerado alto; em mulheres entre 40 e 59 anos, 0,82; e em mulheres entre 60 e 69 anos, 0,84.

Índice de massa corporal (IMC)

Baseado na relação entre peso e altura, o IMC é usado para avaliar o risco de problemas de saúde relacionados ao peso. Ele pode ser impreciso em alguns casos – por exemplo, em pessoas com muita massa muscular, pois músculos pesam mais que gordura –, mas é uma maneira simples e conveniente de verificar se o seu peso está saudável. Se o resultado indicar risco à saúde, procure a orientação de seu médico.

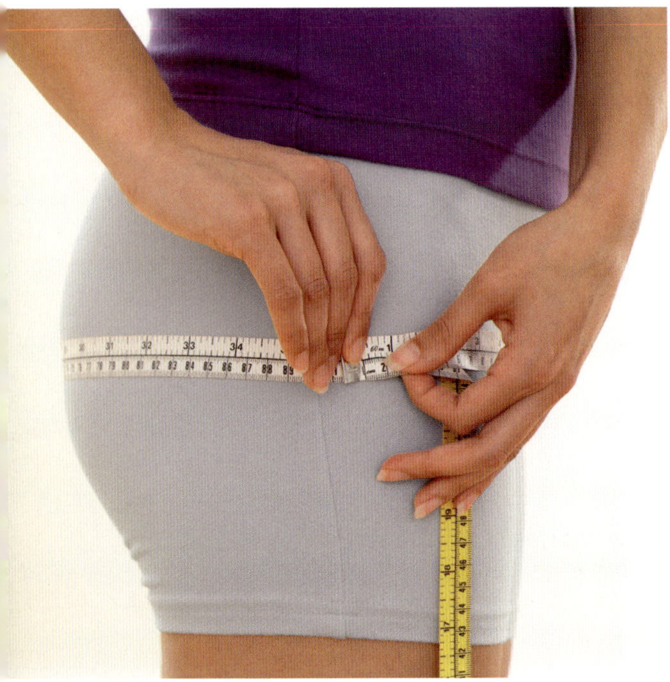

***A proporção cintura-quadril** é uma maneira de determinar se a distribuição de gordura em seu corpo oferece riscos à saúde. Divida a medida da cintura pela do quadril.*

VERIFIQUE SEU ÍNDICE DE MASSA CORPORAL (IMC)

Procure o seu peso (ou um valor aproximado) na coluna da esquerda; siga essa linha com o dedo até encontrar a coluna que registra a sua altura. O número que aparece na interseção das duas linhas é o seu IMC. De posse desse dado, verifique se você está saudável, acima ou abaixo do peso ideal na legenda explicativa abaixo da tabela.

Peso	Altura 1,47 m	1,52 m	1,57 m	1,62 m	1,68 m	1,73 m	1,78 m	1,83 m	1,88 m	1,93 m
54 kg	25	24	22	21	19	18	17	16	15	15
57 kg	26	24	23	22	20	19	18	17	16	15
59 kg	27	25	24	22	21	20	19	18	17	16
61 kg	28	26	25	23	22	21	19	18	17	16
63 kg	29	27	26	24	23	21	20	19	18	17
66 kg	30	28	27	25	23	22	21	20	19	18
68 kg	31	29	28	26	24	23	22	20	19	18
70 kg	32	30	28	27	25	24	22	21	20	19
73 kg	34	31	29	28	26	24	23	22	21	20
75 kg	35	32	30	28	27	25	24	22	21	20
77 kg	36	33	31	29	28	26	24	23	22	21
79 kg	37	34	32	30	28	27	25	24	23	21
82 kg	38	35	33	31	29	27	26	24	23	22
84 kg	39	36	34	32	30	28	27	25	24	23
86 kg	40	37	35	33	31	29	27	26	24	23
88 kg	41	38	36	34	32	30	28	27	25	24
91 kg	42	39	37	34	32	30	29	27	26	24
93 kg	43	40	38	35	33	31	29	28	26	25
95 kg	44	41	39	36	34	32	30	29	27	26
98 kg	45	42	39	37	35	33	31	29	28	26
100 kg	46	43	40	38	36	34	32	30	28	27
102 kg	47	44	41	39	36	34	32	31	29	27
104 kg	48	45	42	40	37	35	33	31	30	28
107 kg	49	46	43	40	38	36	34	32	30	29
109 kg	50	47	44	41	39	37	35	33	31	29
111 kg	51	48	45	42	40	37	35	33	32	30

O que significa o seu IMC?

Menos de 18,5	Você está abaixo do peso e talvez desnutrida
18,5-24,9	Você está com um peso saudável
25-29,9	Você está acima do peso e mais propensa a problemas de saúde
30 ou mais	Você está obesa e enfrenta um risco significativo de ficar doente

Posso estar em forma e não ser saudável?

Embora a relação entre atividade física e saúde esteja bem estabelecida, é importante entender que saúde e condicionamento físico nem sempre são sinônimos.

O teste de aptidão física deste livro (*ver pp. 18-23*) verifica seu nível atual de condicionamento, não seu estado de saúde. Uma boa pontuação no teste de step não significa necessariamente ausência de problema cardíaco. A maneira científica de testar a saúde do coração é realizar o teste de esforço, numa esteira, sob a supervisão de um cardiologista. Por outro lado, um desempenho medíocre no teste de aptidão física não significa que você não seja saudável. Apenas um médico pode avaliar seu estado de saúde. Se seus exames clínicos – como peso, pressão arterial, taxa de colesterol e densidade óssea – estão na faixa de normalidade, você é considerada saudável. Entretanto, mesmo pequenos progressos no nível de condicionamento podem significar benefícios à saúde.

Motivação e metas realistas

Porém, o teste de aptidão física é uma ferramenta valiosa para determinar o nível inicial de condicionamento e para fixar metas realistas. Para aquelas que se acomodaram ao sedentarismo, ver em números frios como se comparam às companheiras de faixa etária pode ser uma motivação poderosa. Algumas pessoas já me disseram que era como ter uma luz piscando diante dos olhos. Para quem tem consciência da má forma física, talvez seja mais apropriado seguir por oito semanas o programa para mulheres de 56-65 anos antes de realizar o teste. Para quem já é atleta ou assídua nos exercícios, o teste pode permitir ajustes finos no treino atual.

Antes de fazer o teste

Antes de se submeter a qualquer teste físico, é imprescindível responder ao questionário ao lado, que foi idealizado para estabelecer se você deve ou não procurar aconselhamento médico antes de iniciar um programa de exercícios físicos. As perguntas são principalmente um alerta para os sintomas de problemas cardíacos. Uma delas relaciona problemas ortopédicos (ossos, articulações ou lesões musculares) que poderiam ser agravados pela atividade física. Se você tiver qualquer problema, um médico poderá orientá-la quanto à prática de exercícios ou encaminhá-la ao profissional de saúde mais indicado.

***Dieta e exercícios** são o segredo da saúde e da boa forma: exercícios regulares e alimentação balanceada proporcionam bem-estar, boa aparência e disposição para aproveitar a vida.*

QUESTIONÁRIO DE PRONTIDÃO PARA A ATIVIDADE FÍSICA — O PAR-Q E VOCÊ

A atividade física regular é divertida e saudável, e por isso cada vez mais pessoas passam a se exercitar. Os exercícios não oferecem risco à maioria das pessoas, mas algumas precisam consultar o médico antes de iniciar um programa.

Se você planeja levar uma vida mais ativa, comece por responder às sete perguntas abaixo. Se tiver entre 15 e 69 anos, o PAR-Q dirá se é necessário consultar um médico antes de começar. Se você tiver mais de 69 anos e for sedentária, converse com seu médico.

Para responder ao questionário, utilize o bom senso. Leia todas as perguntas cuidadosamente e procure respondê-las com o máximo de honestidade: marque SIM ou NÃO.

SIM	NÃO	
☐	☐	**1** Algum médico já lhe disse que você tem problemas cardíacos e que só pode fazer exercícios com supervisão médica?
☐	☐	**2** Você sente dor no peito quando pratica uma atividade física?
☐	☐	**3** No último mês, sentiu dor no peito quando não estava fazendo exercícios?
☐	☐	**4** Você já perdeu a consciência ou sofreu alguma queda em virtude de tontura?
☐	☐	**5** Você tem algum problema ósseo ou articular que poderia agravar-se com a prática de atividade física?
☐	☐	**6** Você toma algum medicamento para a pressão arterial ou para o coração?
☐	☐	**7** Você tem conhecimento de *alguma outra razão* para não se exercitar?

Se você respondeu SIM a uma ou mais perguntas

Converse com seu médico por telefone ou pessoalmente ANTES de aumentar seu nível de atividade física ou ANTES de passar por uma avaliação física. Conte-lhe a quais perguntas do PAR-Q você respondeu SIM.

- Talvez você possa iniciar uma atividade leve e aumentar a sua intensidade aos poucos. Ou talvez seja necessário restringir-se àquilo que é mais seguro para o seu caso. Discuta com o médico os exercícios que você gostaria de praticar e acate as recomendações dele.
- Procure em seu bairro programas comunitários de atividade física dos quais possa participar.

Se você respondeu NÃO a todas as perguntas

Se você respondeu NÃO a todas as perguntas do PAR-Q, pode ficar razoavelmente tranqüila para:

- tornar-se bem mais ativa – comece devagar e aumente a intensidade dos exercícios aos poucos;
- fazer uma avaliação física – essa é uma maneira excelente de determinar seu nível de condicionamento para planejar a melhor forma de se manter ativa. Recomenda-se também a avaliação da pressão arterial. Se ela estiver acima de 144/94, consulte um médico.

ADIE O AUMENTO DE ATIVIDADE FÍSICA:

- se não estiver se sentindo bem por causa de males como gripe ou resfriado; recupere-se primeiro;
- se estiver grávida – discuta com o médico a melhor estratégia para essa situação.

OBSERVAÇÃO:
Se o seu estado de saúde mudar, comunique o fato ao médico ou ao seu instrutor. Pergunte-lhes se não será necessário mudar seu programa de exercícios.

Sobre o uso do PAR-Q: a Sociedade Canadense de Fisiologia do Exercício, instituição que elaborou este questionário, não se responsabiliza por nenhuma pessoa que decida iniciar a prática de exercícios. Se você tiver alguma dúvida ao final do questionário, consulte seu médico.

Fonte: Questionário de Prontidão para a Atividade Física (PAR-Q) © 2002. Reproduzido com a permissão da Sociedade Canadense de Fisiologia do Exercício. http://www.csep.ca/forms.asp

TESTE **CARDIOVASCULAR**

Estas duas medidas de freqüência cardíaca (FC) poderão dar-lhe uma idéia de seu condicionamento cardiovascular. A FC em repouso gira em torno de 60 a 80 batimentos por minuto (BPM), mas em adultos sedentários ela pode exceder 100 BPM. Exercícios, ansiedade e cafeína podem aumentá-la. O teste do step mede a resposta da sua FC ao exercício. Pessoas em forma fazem esforço sem aumentar muito a FC.

Freqüência cardíaca em repouso

Um coração forte bombeia mais sangue a cada batimento, e isso resulta em FC mais baixa em repouso e durante o exercício. Para medir a FC em repouso é preciso passar um tempo adequado descansando. Conte a primeira batida no "zero" e monitore a FC por 30 segundos. Depois multiplique o resultado por dois.

Sua pontuação
Anote seus pontos aqui e vá para as pp. 24-27.

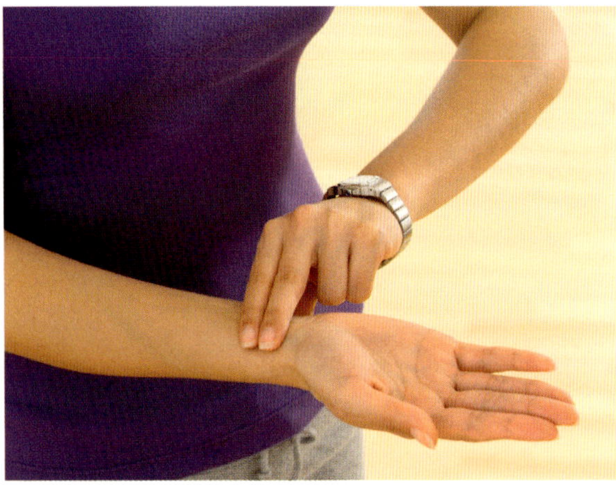

Meça a FC no pulso ("pulsação radial")
Ponha os dedos indicador e médio no pulso, logo acima do polegar (ver foto).

Meça a FC no pescoço ("pulsação da carótida")
Você também pode verificar a FC no pescoço, logo abaixo do maxilar (ver foto).

Step

Este teste de 3 minutos mede seu condicionamento aeróbico atual pelo tempo de recuperação após o exercício. Quanto mais em forma você estiver, mais rápido se recuperará do esforço físico. Você precisará de um step ou de um banco de 30 cm de altura e de um relógio com ponteiro de segundos ou com mostrador digital. Se sentir tontura ou náuseas durante o teste, pare imediatamente. Não vá em frente se tiver problemas de equilíbrio.

Sua pontuação
Anote seus pontos aqui e vá para as pp. 24-27.

1 Para manter o ritmo correto, marque o compasso à razão de 24 ciclos por minuto (um ciclo compreende pé direito em cima, esquerdo em cima, direito embaixo, esquerdo embaixo).

2 Suba primeiro com o pé direito, colocando toda a sola no step. Ao descer, pise primeiro com a ponta do pé. Evite travar os joelhos enquanto sobe e desce.

3 Pare o exercício após três minutos. Sente-se no step e meça a FC na carótida. Comece a contar de imediato durante 1 minuto. O resultado será sua FC de 60 segundos.

TESTE DE **RESISTÊNCIA**

Este teste avalia sua resistência muscular: quantas vezes seus músculos podem se contrair antes da fadiga. O envelhecimento do corpo está associado à falta de uso: músculos não utilizados ficam fracos, limitando sua capacidade de realizar as atividades cotidianas. Ao desenvolver força e resistência musculares, você passará a ter mais energia e disposição para o trabalho e assim atrasará o relógio biológico.

Abdominal

Este exercício, no qual você eleva cabeça e ombros a não mais de 30° em relação ao solo, mede a resistência dos músculos abdominais, importantes estabilizadores do corpo. O exercício exige que os braços fiquem estendidos ao longo do corpo, pois isso garante uma boa amplitude de movimento. As mãos devem ficar a 9 cm da borda do colchonete. Tenha um cronômetro à mão.

Sua pontuação
Anote seus pontos aqui e vá para as pp. 24-27

1 Deite-se de costas, com os joelhos flexionados a 90° e os pés apoiados no chão. Com os braços ao longo do corpo, palmas para baixo, posicione as mãos a 9 cm da borda do colchonete.

2 Contraia o abdome e tire a cabeça, o pescoço e os ombros do chão, deslizando a mão pelo colchonete. Retorne à posição inicial e repita tantas vezes quanto puder em 1 minuto. Anote o resultado no quadrado acima.

Flexão de braço

Este exercício mede a resistência da parte superior do corpo: tronco, ombros e tríceps. Coloque-se na posição modificada, que usa os joelhos como pivô (mesmo que você consiga realizar as flexões com as pernas estendidas). Não há limite de tempo para o teste, de modo que você pode fazer tantas flexões quanto puder. Ao aproximar o tórax do chão, mantenha contraídos os músculos abdominais, para conservar as costas retas.

Sua pontuação
Anote seus pontos aqui e vá para as pp. 24-27

1 Apóie as mãos no chão, afastadas na largura dos ombros e um pouco mais à frente deles. A parte inferior das pernas deve ficar apoiada no chão. Jogue o peso do corpo sobre os braços.

2 Inspire e flexione os cotovelos, aproximando o tórax do chão até o queixo encostar na esteira. Expire e retorne à posição inicial. Repita quantas vezes puder e anote o número de flexões no quadrado acima.

TESTE DE **FLEXIBILIDADE**

Do ponto de vista técnico, flexibilidade é a amplitude de movimento de uma articulação. Ela é determinada pela "arquitetura" da articulação (o formato dos ossos e da cartilagem) e pelo comprimento dos músculos e dos ligamentos que a atravessam. Quando o movimento da articulação é limitado, dizemos que ela está enrijecida. E esse enrijecimento é associado ao envelhecimento, pois ele afeta nossa aparência e nossa mobilidade.

Alongamento dos músculos posteriores da coxa

Embora não exista uma medida única de flexibilidade, este teste é usado com freqüência.
Ele indica a flexibilidade dos músculos posteriores da coxa e, em menor grau, da região lombar. Você deve observar a distância alcançada e a maneira como a coluna se move. Uma coluna flexível se curva à frente de maneira fluida, de baixo para cima.
Se você ficar "emperrada" na vertical, procure seguir um programa sério de alongamento da parte inferior das costas e dos músculos posteriores da coxa. Os exercícios das páginas 122-129 podem melhorar a sua situação.

Para reduzir o risco de distensão muscular, faça um aquecimento prévio, seguido da extensão dos músculos posteriores das coxas (veja a etapa 1, abaixo, ou a página 124).

Sua pontuação
Anote seus pontos aqui e vá para as pp. 24-27

1 Sente-se no chão, com a perna direita estendida e a esquerda flexionada, servindo de apoio para o tronco. Pressione o joelho direito para baixo com energia, levando a pelve para a frente. Sustente a posição por 20-30 segundos, troque de lado e repita.

2 Coloque uma fita métrica sobre o colchonete, com a marca de 38 cm alinhada na borda. Sente-se com as costas eretas e os calcanhares no final do colchonete. Deixe um espaço de 30 cm entre as perrnas. Estenda os braços na direção da fita, com as mãos sobrepostas.

3 Inspire. Ao expirar, incline o tronco à frente o máximo possível. Sustente a posição por 2 segundos e observe a distância alcançada. Repita o movimento e anote a sua melhor marca no quadrado da página ao lado.

COMO VOCÊ **SE CLASSIFICA?**

É muito útil contar com informações objetivas sobre o nível inicial de condicionamento. Juntamente com os dados médicos, o perfil de condicionamento ajuda a definir as metas de um programa de exercícios e a medir o progresso. Estabeleça metas realistas, pois elas servirão de incentivo para a continuidade dos exercícios.

Como você está?

Depois de fazer o teste de aptidão física, consulte as médias de sua faixa etária nas tabelas das páginas 25 e 26 e compare-as com os seus resultados para ver como você está em relação às outras mulheres. Com essa comparação você também poderá detectar seus pontos fortes e fracos e ajustar o programa de exercícios às suas reais necessidades. Anote os resultados do teste de aptidão física na tabela abaixo e, após oito semanas de treino, refaça o teste. Dessa maneira você poderá verificar como está evoluindo em direção a um corpo mais jovem. Mas não pare aí! Depois de constatar os benefícios proporcionados pela atividade física regular, você vai querer prosseguir. Então, refaça o teste a cada oito semanas e passe para os programas das faixas etárias mais jovens, que têm exercícios de nível mais avançado.

Como usar sua pontuação para determinar seu programa de exercícios

- **Se o seu resultado foi Médio**, comece com o programa para a sua idade.
- **Se o seu resultado foi Acima da média, Bom ou Excelente**, comece com o programa para a faixa etária mais jovem.
- **Se o seu resultado foi Abaixo da média, Ruim ou Péssimo,** comece com o programa para a faixa etária mais velha.

Obs.: o condicionamento às vezes não é o mesmo em todas as áreas: você pode estar acima da média no cardiovascular, na média em resistência e abaixo da média em flexibilidade. Nesse caso, siga o programa cardiovascular do grupo mais jovem, o programa de resistência do seu próprio grupo e assim por diante. Se os dois exercícios dos testes cardiovascular e de resistência indicarem níveis de condicionamento diversos, trabalhe com o menor resultado.

	Cardiovascular		Resistência		Flexibilidade
	FC em repouso	Step	Abdominal	Flexão	Das costas
Condicionamento inicial					
Condicionamento após 8 semanas					
Condicionamento após 16 semanas					

26-35 médias das mulheres de 26-35 anos (ver observação na p. 27)

	Cardiovascular		Resistência		Flexibilidade
CONDICIONAMENTO	FC em repouso p. 18	Step p. 19	Abdominal p. 20	Flexão p. 21	Das costas pp. 22-23
EXCELENTE	39-57	58-80	54-70	30-35	23-28
BOM	60-62	85-92	44-50	26-29	21-22
ACIMA DA MÉDIA	64-66	95-101	37-41	21-25	20
MÉDIO	68-70	104-110	33-36	16-20	18-19
ABAIXO DA MÉDIA	72-74	113-119	28-32	10-15	16-17
RUIM	77-81	122-129	22-26	5-9	14-15
PÉSSIMO	84-102	134-171	7-20	1-4	5-13

36-45 médias das mulheres de 36-45 anos (ver observação na p. 27)

	Cardiovascular		Resistência		Flexibilidade
CONDICIONAMENTO	FC em repouso p. 18	Step p. 19	Abdominal p. 20	Flexão p. 21	Das costas pp. 22-23
EXCELENTE	40-58	51-84	54-74	28-33	22-28
BOM	61-63	89-96	42-48	23-27	20-21
ACIMA DA MÉDIA	65-67	100-104	35-38	18-22	18-19
MÉDIO	69-71	107-112	30-32	13-17	17
ABAIXO DA MÉDIA	72-75	115-120	23-28	8-12	15-16
RUIM	77-81	124-132	19-22	4-7	13-14
PÉSSIMO	83-102	137-169	4-16	1-3	4-12

46-55 médias das mulheres de 46-55 anos (ver observação na p. 27)

	Cardiovascular		Resistência		Flexibilidade
CONDICIONAMENTO	FC em repouso p. 18	Step p. 19	Abdominal p. 20	Flexão p. 21	Das costas pp. 22-23
EXCELENTE	43-58	63-91	48-73	26-30	21-27
BOM	61-64	95-101	37-44	21-25	19-20
ACIMA DA MÉDIA	65-69	104-110	33-36	16-20	17-18
MÉDIO	70-72	113-118	30-32	11-15	16
ABAIXO DA MÉDIA	73-76	120-124	25-28	6-10	14
RUIM	77-82	126-132	19-23	3-5	12-13
PÉSSIMO	85-104	137-171	2-13	1-2	3-10

56-65 médias das mulheres de 56-65 anos (ver observação na p. 27)

	Cardiovascular		Resistência		Flexibilidade
CONDICIONAMENTO	FC em repouso p. 18	Step p. 19	Abdominal p. 20	Flexão p. 21	Das costas pp. 22-23
EXCELENTE	42-59	60-92	44-63	22-26	20-26
BOM	61-64	97-103	35-42	17-21	18-19
ACIMA DA MÉDIA	65-68	106-111	27-32	12-16	16-17
MÉDIO	69-72	113-118	23-25	7-11	15
ABAIXO DA MÉDIA	73-77	119-127	18-22	5-6	13-14
RUIM	79-81	129-135	11-15	3-4	10-12
PÉSSIMO	84-103	141-174	1-8	1-2	2-9

A manutenção da boa forma

Se você estiver satisfeita com sua atual rotina de exercícios, pode relaxar por um período. O problema é que o corpo se ajustará ao nível de condicionamento dessa rotina e você precisará mudar o programa periodicamente para continuar a obter resultados. Assim, mesmo que sua meta seja manutenção, recomendamos que a cada 12 semanas você inicie um programa diferente para ao menos uma das áreas (cardiovascular, resistência, flexibilidade).

Obs.: as médias do teste de aptidão física foram criadas pela ACM com base em dados de seus associados (*ver p. 160*). As do exercício de flexão de braço são uma aproximação das estatísticas compiladas por uma série de organizações ligadas aos exercícios físicos.

Comparando seus resultados *com as médias das mulheres da sua idade, você cria um programa adequado ao seu nível atual de condicionamento.*

Estudo de caso

Lucy tem 53 anos, pratica ioga há muito tempo e é uma aluna avançada. Sente-se ágil, mas acumulou gordura no abdome e está preocupada com a taxa de colesterol, que vem se elevando.

Como esperado, Lucy tem pontuação alta no quesito flexibilidade, mas média nas avaliações de resistência e abaixo da média nas avaliações cardiovasculares. Ela começará com o programa de alongamento com bola, para mais jovens (36-45). O alongamento muscular será diferente daquele realizado na ioga e incluirá uma série de exercícios para o tronco.

Como tem pontuação média em resistência, ela fará o programa para a faixa de 46-55 anos. Com foco no step, ele estimula os músculos e exige mais esforço aeróbico. Para trabalhar o sistema cardiovascular, começará com caminhadas para mulheres de 56-65 anos. Dessa maneira, Lucy poderá reduzir sua taxa de colesterol e emagrecer.

MÚSCULOS E **EXERCÍCIO**

Se você souber qual músculo é acionado em determinado exercício, pode passar a se concentrar nele, aumentando o esforço. A ilustração abaixo e o glossário na próxima página a ajudarão a focar áreas específicas de trabalho. Lembre-se, porém, de que um programa de exercícios equilibrado precisa envolver todos os grupos musculares.

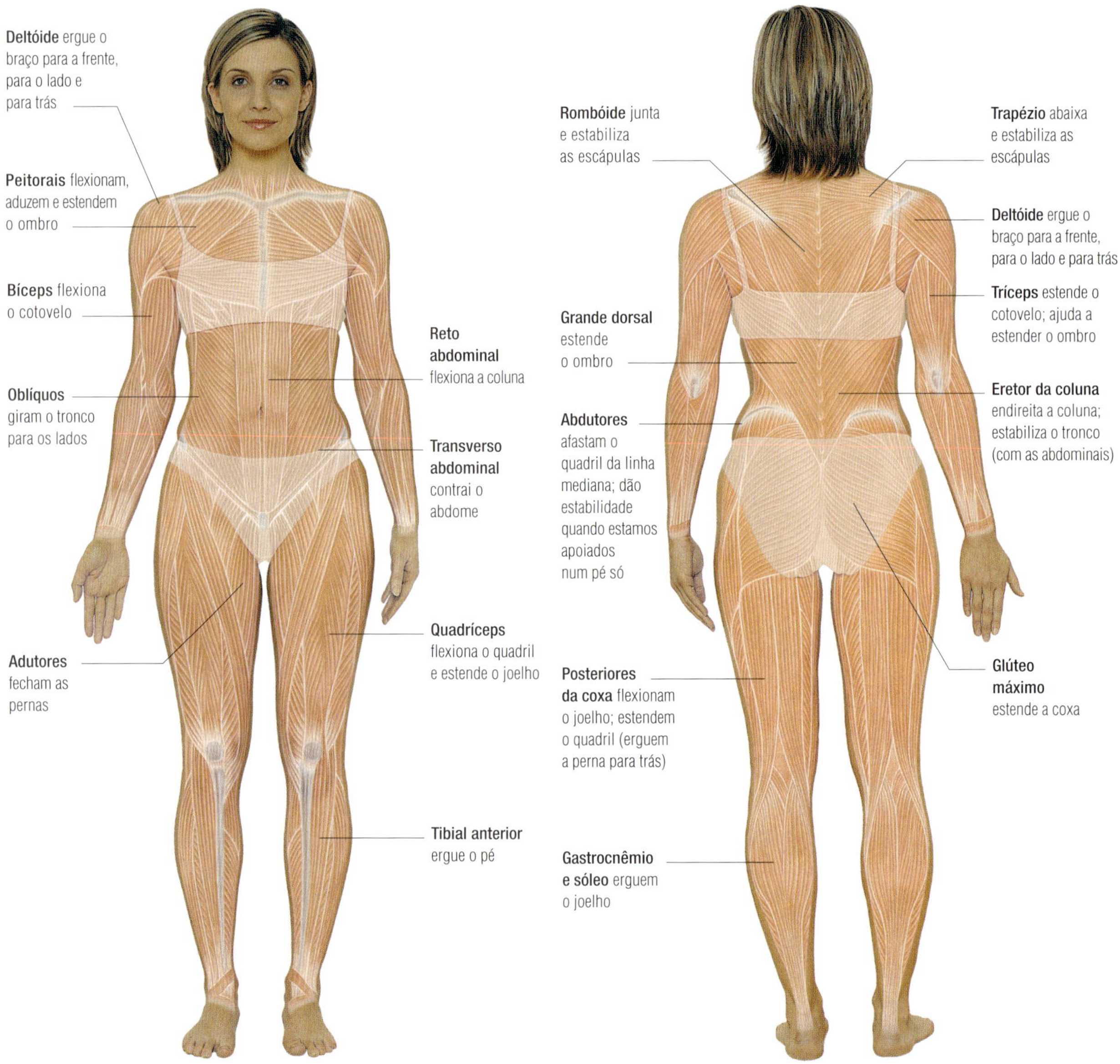

Músculos e exercícios específicos

Abdutores (parte externa da coxa)
Agachamento e elevação do joelho, p. 87
Agachamento lateral com pesos, p. 66
com desenvolvimento, pp. 104-5
Elevação posterior da perna, p. 107
Meio agachamento com
passo lateral, p. 45
Relógio do equilíbrio, p. 65

Adutores (parte interna da coxa)
Agachamento e elevação do joelho, p. 87
Agachamento lateral com pesos, p. 66
Elevação posterior das pernas, p. 88
Plié com elevação frontal dos ombros, p. 108

Bíceps (parte anterior e posterior do braço)
Rosca bíceps dupla, p. 54
Rosca bíceps, p. 93
Rosca concentrada, p. 114
Step com rosca bíceps, p. 61

Deltóide (ombro: frente, meio, atrás)
Crucifixo invertido/extensão dos
ombros, pp. 110-11
Elevação dos ombros, pp. 72-3
Flexão/extensão dos ombros, p. 53
Joelho e braços para cima, p. 67
Meio agachamento com
desenvolvimento, pp. 104-5
Plié com elevação frontal dos ombros, p. 108

Grupo eretor da coluna
Afundo com bola, p. 86
Canivete com bola, pp. 96-7
Crucifixo invertido/extensão do ombro, pp. 110-11
Cruzamento de braço: intermediário, p. 49
Elevação posterior da perna, p. 107
Elevação posterior da perna com bola, p. 88
Empurrar/puxar a bola, p. 95
Peso morto, p. 106
Prancha com joelho flexionado, p. 79
Remada alternada com inclinação
do tronco, p. 109
Tríceps com coice, p. 113

Gastrocnêmio e sóleo (panturrilha)
Andar na ponta dos pés, p. 146
Extensão do tornozelo, p. 70
Panturrilha/tornozelo, p. 50

Glúteo máximo (nádegas)
Afundo e agachamento, pp. 46-7
Afundo e avanço, pp. 98-103
Afundo e meio agachamento, pp. 68-9
Agachamento com bola, p. 85
Agachamento e elevação do joelho, p. 87
Agachamento lateral com pesos, p. 66
Avanço com bola, p. 86
Cruzamento de braço: intermediário, p. 49
Elevação posterior da perna, p. 107
Elevação posterior das pernas, p. 88
Joelho e braços para cima, p. 67
Levantamento explosivo, p. 44
Meio agachamento com desenvolvimento,
pp. 104-5
Peso morto, p. 106
Plié com elevação frontal dos ombros, p. 108
Relógio do equilíbrio, p. 65
Seqüência de step, pp. 58-64

Posteriores da coxa
Afundo e agachamento, pp. 46-7
Afundo e avanço, pp. 98-103
Afundo e meio agachamento, pp. 68-9
Agachamento com bola, p. 85
Agachamento e elevação do joelho, p. 87
Avanço com bola, p. 86
Elevação posterior da perna, p. 107
Elevação posterior da perna, p. 88
Levantamento explosivo, p. 44
Meio agachamento e desenvolvimento, pp. 104-5
Peso morto, p. 106
Relógio do equilíbrio, p. 65

Grande dorsal
Crucifixo invertido/extensão dos ombros,
pp. 110-11
Desenvolvimento, p. 51
Flexão/extensão dos ombros, p. 53
Pullover, p. 90
Remada alternada com inclinação
do tronco, p. 109
Remada simultânea, p. 89
Remada unilateral, p. 71

Oblíquos (laterais do abdome)
Abdominal alternada, p. 78
Abdominal com bicicleta, p. 77
Canivete com bola, pp. 96-7
Empurrar/puxar a bola, p. 95
Oblíquos com bola, p. 94
Prancha com o joelho flexionado, p. 79
Rotação do tronco com peso, pp. 116-17

Peitorais
Crucifixo invertido/extensão dos
ombros, pp. 110-11
Crucifixo, p. 75
Flexão de braço com um toque, p. 112
Flexão/extensão dos ombros, p. 53
Flexão de braço modificada, p. 74
Pullover, p. 90
Supino com pesos, p. 91
Supino inclinado, p. 52

Quadríceps (parte anterior da coxa)
Afundo e agachamento, pp. 46-7
Afundo e avanço, pp. 98-103
Afundo e meio agachamento, pp. 68-9
Agachamento com bola, p. 85
Agachamento e elevação do joelho, p. 87
Agachamento lateral com pesos, p. 66
Avanço com bola, p. 86
Cruzamento de braço: intermediário, p. 49
Joelho e braços para cima, p. 67
Levantamento explosivo, p. 44
Meio agachamento com desenvolvimento, pp. 104-5
Plié com elevação frontal dos ombros, p. 108
Relógio do equilíbrio, p. 65
Seqüência de step, pp. 58-64

Reto abdominal
Abdominal completa, p. 115
Abdominal básica, p. 57
Abdominal com bicicleta, p. 77
Abdominal invertida, p. 56
Canivete com bola, pp. 96-7
Oblíquos com bola, p. 94
Rotação do tronco com peso: avançado, p. 117

Rombóide e trapézio (entre as escápulas)
Desenvolvimento, p. 51
Joelho e braços para cima, p. 67
Remada alternada com inclinação do tronco, p. 109
Remada simultânea, p. 89
Remada unilateral, p. 71
Tríceps banco, p. 76
Tríceps com faixa elástica, p. 55

Tibial anterior (canela)
Andar com o calcanhar, p. 146
Panturrilha/tornozelo, p. 50

Transverso abdominal
Abdominal alternada, p. 78
Canivete com bola, pp. 96-7
Empurrar/puxar a bola, p. 95
Prancha com joelho flexionado, p. 79
Rotação da pelve, p. 122

Tríceps (parte posterior e superior do braço)
Extensão do tríceps, p. 92
Tríceps banco, p. 76
Tríceps com coice, p. 113
Tríceps com faixa elástica, p. 55

O treino de resistência esculpe os contornos do corpo e fortalece os ossos. Ao aumentar a massa magra, ele estimula o metabolismo e dá mais energia, tornando-a mais resistente às restrições oriundas do envelhecimento.

treino de resistência

56-65 anos pp. 38-57

46-55 anos pp. 58-79

36-45 anos pp. 80-97

26-35 anos pp. 98-117

COMO USAR O **EQUIPAMENTO**

Todos os equipamentos que escolhi para este livro – faixas elásticas, step, bola e pesos – são úteis para treinos domésticos. Um colchonete também é útil: além de dar mais conforto, proporciona atrito em alguns exercícios. Use roupas folgadas e tênis adequados, que permitam movimentos em todas as direções.

Seu programa

Você precisa fazer, no mínimo, duas sessões de exercícios de resistência por semana, e nenhum músculo deve ser trabalhado mais de três vezes a cada sete dias. Intercale um dia de descanso entre o trabalho de cada grupo muscular, porque a renovação e a recuperação das fibras musculares também são importantes. Se quiser treinar todo dia, trabalhe a parte superior do corpo num dia e a parte inferior no outro.

Familiarize-se com as faixas elásticas

As faixas elásticas são uma ferramenta eclética. Elas podem ser usadas em exercícios para todo o corpo (*ver pp. 44-57*) ou como um complemento para o trabalho com pesos. Por exemplo, se você quiser trabalhar o tríceps, faça o exercício adequado à sua faixa etária e, então, acrescente um exercício extra com a faixa.

O nível de resistência é determinado pela espessura da faixa e é indicado por cores diferentes, que variam conforme o fabricante. Compre um pacote de três (leve, média e forte) ou tenha pelo menos duas (leve e média, se você for iniciante; média e forte, se tiver mais experiência).

As faixas podem ser um pouco complicadas de usar, mas vale a pena aprender a trabalhar com elas. Considerando que a resistência maior ocorre ao final de uma série de movimentos, primeiro execute o exercício sem a faixa, para estabelecer seu limite sem dor.

Como usar as faixas elásticas

As faixas elásticas têm em geral 90 cm e 1,2 m de comprimento. A mais comprida é mais versátil, mas às vezes é mais fácil usar a mais curta.

Como segurar a faixa

Para segurar a faixa, enrole-a na mão (ver foto). Ao puxá-la, mantenha a faixa desenrolada e o pulso reto.

Como amarrar a faixa nas pernas

Amarre a faixa com um meio laço, deixando uma ponta mais comprida que a outra. Se a sua pele for sensível, use meias para prevenir lesões.

Prenda a faixa com cuidado antes do exercício. Para conservar a elasticidade delas, guarde-as em um saco plástico e polvilhe-as com talco de tempos em tempos. Sempre desfaça os nós. Com o tempo, as faixas se deterioram, ficam pegajosas e podem apresentar pequenos buracos e rasgos, capazes de provocar seu rompimento durante o uso. Examine-as com regularidade em busca de sinais de desgaste.

Cuidado: se você tem síndrome do túnel do carpo (uma lesão do pulso associada a movimentos repetitivos), faça apenas os exercícios com faixas elásticas que tenham sido recomendados pelo médico ou pelo fisioterapeuta. Se for hipertensa, use faixas de resistência mais leve, em um programa supervisionado.

Acelere o passo

O step não foi criado para o trabalho de resistência muscular, mas é útil para aumentar o esforço cardiovascular, desenvolver a coordenação e conservar a massa óssea.

Faça step por alguns minutos como exercício aeróbico (aliás, é a melhor forma de melhorar sua pontuação no teste de aptidão específico da página 19) ou procure associá-lo a exercícios com peso, montando assim um circuito cuja meta é manter a freqüência cardíaca elevada por ao menos 30 minutos.

Como atividade de baixo impacto e alta intensidade, o step é uma maneira segura e eficiente de se exercitar, pois beneficia os ossos sem sobrecarregar as articulações. A intensidade do exercício depende da altura do step, da velocidade dos movimentos e do peso utilizado.

Existem muitos modelos de step no mercado. Alguns podem ser ajustados na altura, outros são bem compatos e fáceis de guardar, e outros ainda são grandes o bastante para servir de banco nos exercícios com peso.

Como usar o step

Aproxime-se do step e pise no centro dele com toda a sola do pé. Ao descer, apóie primeiro a ponta do pé e só depois o calcanhar. Evite flexionar os joelhos mais de 90° enquanto estiver segurando pesos e tenha o cuidado de nunca travá-los.

Escolha um step de 15-30 cm. O teste de aptidão física exige uma plataforma de 30 cm, muito embora não seja necessário utilizar um step dessa altura no programa de exercícios. Se for iniciante, comece com 15-20 cm. Antes de iniciar o exercício, verifique se o o step está bem nivelado e estável.

Cuidado: se você tiver problemas nos joelhos ou na região lombar, comece com um step baixo, baixa velocidade e sem pesos. Se tiver problemas de equilíbrio, escolha outro tipo de exercício.

Como usar a bola de ginástica

A bola de ginástica oferece muitos benefícios: auxilia na estabilização da postura, no controle motor, no equilíbrio e na coordenação. Há bolas dos mais diferentes tamanhos, em cores variadas. É importante que ela seja compatível com sua constituição física. Quando você estiver sentada na bola, seus joelhos devem estar flexionados em ângulo reto e os pés bem apoiados no chão.

Se tiver pernas longas ou for corpulenta, você precisará de uma bola maior. A seguir, a recomendação do tamanho adequado de bola conforme a altura:

- 1,4-1,5 m bola de 45 cm
- 1,5-1,7 m bola de 55 cm
- 1,7-1,8 m bola de 65 cm
- 1,8-2 m bola de 75 cm
- mais de 2 m bola de 85 cm

Como subir na bola

Antes de começar a usar a bola nos exercícios, tente sentar nela na posição neutra (*abaixo, à esquerda*) e a seguir procure aprender a ficar sobre a bola em decúbito dorsal e frontal. Faça sempre esses movimentos para subir e descer da bola; eles exigem equilíbrio, estabilidade dos músculos centrais e resistência.

Enclinar-se e firmar-se sobre a bola

1 *Ajoelhe-se e repouse o abdome sobre a bola (os pés devem estar apoiados na ponta e os dedos das mãos devem tocar o solo).*

2 *Estique as pernas, empurrando os pés contra o chão e rolando para a frente, sobre a bola.*

3 *A bola deve ficar embaixo do quadril, as mãos à frente e os pés no ar.*

Da posição sentada à posição da ponte

1 *Sente-se na bola em posição neutra: joelhos em ângulo reto e alinhados aos pés, braços ao lado do corpo, mãos tocando as laterais da bola.*

2 *Deslize os pés para a frente. Se ainda estiver aprendendo a controlar a bola, segure-a com as mãos para se manter equilibrada.*

3 *Continue deslizando até que apenas a cabeça, a nuca e os ombros estejam apoiados na bola. Use os glúteos* (ver pp. 28-29) *para sustentar o quadril.*

Para encher a bola, use uma bomba manual que bombeie grandes volumes de ar a baixa pressão (bombas de bicicleta não costumam servir). Nunca encha demais a bola. Se estiver em dúvida entre dois tamanhos, escolha a bola maior e encha-a um pouco menos. Ao encher a bola pela primeira vez, vá até 80% de sua capacidade e espere 24 horas antes de terminar de enchê-la. Isso aumentará sua vida útil.

Com o uso, a bola perde um pouco de ar, que terá de ser completado. Inspecione a bola com regularidade à procura de arranhões, fissuras ou rasgos.

Cuidado: se você tiver problemas de equilíbrio, faça exercícios com a bola apenas sob a supervisão de um profissional sério.

Como usar pesos

Os pesos, ou halteres, são o equipamento mais básico para fazer ginástica em casa. Eles deixam qualquer treino de resistência mais interessante porque desafiam o equilíbrio e a coordenação motora. Como você vai levantar um peso em cada mão, será fácil identificar assimetrias no corpo e, assim, utilizar os exercícios para também melhorar o problema. Você pode isolar um músculo por vez ou combinar movimentos para trabalhar grupos musculares por inteiro.

Feitos de metal, os pesos podem ser revestidos de esmalte cinza, cromo, vinil, neoprene (que contém látex) ou borracha. Os revestimentos de esmalte ou cromados lascam e descamam com o passar do tempo, oferecendo riscos. O revestimento de vinil elimina esses riscos e torna o peso mais agradável ao tato.

Os halteres podem ter 0,5 kg, 1 kg, 2 kg, 3 kg, 4 kg, 5 kg e assim por diante. Você precisará de pelo menos dois pares no treino de resistência:

- Aluna iniciante: 1 kg e 2 kg
- Aluna intermediária: 2 kg e 4 kg
- Aluna avançada: 5 kg e 5,5 kg

A maneira correta de manusear os pesos

Concentre-se em alinhar e estabilizar o corpo da forma correta antes de levantar os pesos. Coordene os movimentos com a respiração: inspire primeiro e depois expire devagar, enquanto ergue o peso.

Como segurar o peso

Mantenha o pulso reto (neutro) para evitar sobrecarga e lesões na articulação. Não dobre o pulso. E não segure o peso com muita força.

Como pegar os pesos do chão

1 *Flexione os joelhos e abaixe o corpo. Endireite as costas e contraia os músculos do abdome. Pegue os pesos.*

2 *Levante-se com a força da perna e contraindo os glúteos. Continue contraindo o abdome para proteger as costas.*

DESAQUECIMENTO GERAL

É importante alongar os músculos depois de submetê-los a um treino de resistência. Esta série de alongamentos é uma alternativa a um programa de flexibilidade mais amplo. Ela também proporciona o alívio da tensão, e por essa razão pode ser realizada a qualquer momento. Execute cada alongamento uma vez e complete três ciclos respiratórios.

1 Alongamento do tronco e dos ombros: em pé, afaste as pernas na largura do quadril e flexione um pouco os joelhos. Abra os braços para o lado, abaixo dos ombros. Com as mãos viradas para fora, pressione-as como se empurrasse uma parede.

2 Alongamento do tronco: em pé, alinhe o tronco ao quadril. Abaixe as escápulas e erga os dois braços acima da cabeça, com as palmas viradas para dentro. Abra o tórax e estique-se.

3 Alongamento lateral: segure o pulso esquerdo com a mão direita e puxe o tronco para o lado. Sinta o alongamento do lado esquerdo. Evite torcer o tronco. Repita do outro lado.

4 Rolamento da coluna: em pé, com os braços caídos ao lado do corpo, encoste o queixo no tórax e comece a enrolar a coluna, vértebra por vértebra. Vá levando os braços à frente e mantenha os joelhos semiflexionados.

5 A partir da posição acima, coloque as mãos no chão e leve-as à frente, enquanto mantém os calcanhares presos ao chão. Alongue a coluna e o quadril. (Se necessário, semiflexione os joelhos para manter os calcanhares no chão.)

56-65 ANOS: AQUECIMENTO

O aquecimento prepara o corpo para o treino de resistência, que é mais desgastante. Os passos ritmados elevam a temperatura dos músculos e lubrificam as articulações; e o movimento dos braços aciona a musculatura da parte superior do corpo que será exigida nos exercícios de força.

Marcha sem sair do lugar

Comece a marcha: levante o joelho o máximo que puder, erguendo o braço oposto. Desça a perna e toque o solo com a ponta do pé, rolando-o até o calcanhar. Continue marchando, sempre contrapondo os braços e as pernas.

- **Repetições:** 20 (de cada lado)

Ponta do pé à frente

Continue a marchar no mesmo ritmo, mas mude a ação dos pés: leve a ponta deles à frente, alternando o direito com o esquerdo. Continue balançando os braços, erguendo sempre aquele oposto à perna que está na frente.

- **Repetições**: 20 (de cada lado)

Calcanhar à frente

Mude a ação dos pés: agora o calcanhar vai à frente do corpo. Continue a marchar, alternando pés e braços. Esticar (como no último passo) e flexionar (como aqui) o pé ajuda a aquecer os músculos inferiores da perna.

- **Repetições:** 20 (de cada lado)

Marcha ampla sem sair do lugar

Sem alterar o ritmo, separe mais as pernas e passe a erguer os joelhos até a altura do quadril. Continue balançando os braços no padrão anterior.

- **Repetições:** 20 (de cada lado)

DICA DA JOAN

Balance os braços com energia para expandir os benefícios do aquecimento à parte superior do corpo.

Passo e toque

1 Sem perder o ritmo, continue balançando os braços, mas mude o movimento dos pés. Semiflexione os joelhos e jogue o peso do corpo sobre a perna esquerda.

2 Leve a perna direita para junto da esquerda e bata a ponta do pé direito no chão; dê um passo para a direita e bata a ponta do pé esquerdo no chão.

- **Repetições:** 20 (de cada lado)

Passo e toque com elevação lateral

1 Continue o mesmo movimento, mas elevando os braços para o lado. Ao afastar as pernas, erga os braços na altura dos ombros, com os cotovelos flexionados e as palmas viradas para baixo.

2 Ao juntar as pernas e bater a ponta do pé no chão, abaixe os braços, mantendo os cotovelos flexionados. Continue no mesmo ritmo, sincronizando o movimento de pernas e braços.

- **Repetições:** 20 (de cada lado)

Passo e toque com supino

1 Continue no ritmo anterior, mas adicione um novo movimento dos braços: ao afastar as pernas, leve os braços à frente, abertos na largura dos ombros e um pouco abaixo deles.

2 Ao juntar as pernas, flexione os cotovelos e empurre-os para trás, alinhando-os com os ombros horizontal e verticalmente.

- **Repetições:** 20 (de cada lado)

Toque atrás com tração dos braços

Sem interromper o movimento das pernas e dos pés, seguindo o mesmo ritmo, erga os braços à frente, na altura da cintura, com as palmas viradas para dentro. Jogue o peso do corpo sobre a perna direita. Mantenha os joelhos semiflexionados.

Mude o movimento dos pés: agora cruze o pé esquerdo atrás do corpo e bata a ponta dele no chão. Ao mesmo tempo, flexione os cotovelos e empurre-os para trás. Repita do outro lado.

- **Repetições:** 20 (de cada lado)

Toque atrás com rosca bíceps

1 Continue o movimento anterior, batendo a ponta do pé atrás do corpo, mas mude a ação dos braços: ao passar o peso do corpo para a outra perna, dobre os braços para cima, mantendo os cotovelos junto ao corpo.

2 Ao cruzar a perna, abaixe os braços ao lado do corpo, com as mãos viradas para cima. Continue o movimento, sincronizando pés e braços e mantendo o ritmo.

- **Repetições:** 20 (de cada lado)

Toque dos pés

Para finalizar o aquecimento, afaste as pernas para além da linha do quadril, ponha as mãos na cintura, jogue o peso do corpo sobre a perna direita e estenda a perna esquerda para o lado, batendo a ponta do pé no chão. Repita do outro lado.

- **Repetições:** 20 (de cada lado)

DICA DA JOAN

Ao final do aquecimento, você deverá ter transpirado um pouco.

56-65: PROGRAMA

Os exercícios de resistência não apenas fortalecem os músculos, mas também ajudam a construir os ossos nos anos de formação e a conservar a massa óssea na terceira idade. Assim como a ação do músculo sobre o osso é localizada, é preciso exercitar todos os grandes grupos musculares para fortalecer o esqueleto inteiro.

Levantamento explosivo

A realização deste exercício com ímpeto ajuda a restaurar as fibras musculares rápidas, que encolhem com o tempo e nos fazem perder mobilidade. O exercício aciona os grandes músculos da coxa, dando-lhes força e estabilidade; e o fêmur, melhorando sua densidade.

Comece no nível 1 e siga em seu próprio ritmo até os níveis 2 e 3	
NÍVEL 1	10 repetições, sem faixa elástica: 1-2 séries
NÍVEL 2	12-15 repetições, faixa leve ou média: 1-2 séries
NÍVEL 3	8-12 repetições, faixa forte: 2-3 séries

1 Sente-se na beira de uma cadeira e segure a faixa elástica conforme a foto. Com as pernas separadas na largura do quadril, os pés paralelos e os joelhos em ângulo reto, mantenha a tensão da faixa.

2 Inspire. Expire ao inclinar o tronco ligeiramente para a frente e se levantar com rapidez. Devagar, sente-se outra vez e, assim que tocar o assento, levante-se de novo, repetindo os movimentos.

Passo lateral

O maior benefício deste exercício é trabalhar todos os músculos das coxas e do quadril pela variação das passadas. Comece dando passos de um lado a outro. Para variar, dê passos para a frente, para trás e na diagonal.

Comece no nível 1 e siga em seu próprio ritmo até os níveis 2 e 3	
NÍVEL 1	10 repetições (5 de cada lado), faixa leve: 1-2 séries
NÍVEL 2	12-15 repetições, faixa média: 1-2 séries
NÍVEL 3	8-12 repetições, faixa forte: 2-3 séries

1 Amarre a faixa elástica (*ver p. 32*), ajustando-a de modo que fique retesada mas não apertada quando você se levantar. Abaixe os braços ao lado do corpo.

2 Leve a perna direita para o lado e, contando até 3, aproxime o pé esquerdo do direito, mantendo a tensão da faixa. Sem tocar o pé no chão, dê um passo rápido para a esquerda e a seguir aproxime o pé direito do esquerdo. Continue de um lado para o outro.

DICA DA JOAN

Se você tiver dor nos joelhos, tente amarrar a faixa acima deles neste exercício.

Afundo e agachamento

Este exercício fortalece os músculos ao mesmo tempo que melhora o equilíbrio geral. Comece com uma seqüência sem carga e depois passe a fazer os movimentos segurando pesos (*ver p. 35*).

Comece no nível 1 e siga em seu próprio ritmo até os níveis 2 e 3	
NÍVEL 1	10 repetições (movimento completo): 1 série
NÍVEL 2	12-15 repetições, com pesos de 1-2 kg: 1 série
NÍVEL 3	8-12 repetições, com pesos de 3-5 kg: 1 série

1 Em pé, com os pés paralelos, afastados na largura do quadril, ponha as mãos na cintura. Jogue o peso do corpo sobre a perna direita (pise com a ponta do pé) e inspire enquanto leva a perna esquerda à frente. Flexione os joelhos: o da frente deve se alinhar com o tornozelo; o de trás, apontar para baixo.

DICA DA JOAN

Aprenda bem o exercício treinando cada etapa separadamente.

2 Pare, expire e volte à posição inicial, com os pés paralelos, as pernas afastadas na largura do quadril e as mãos apoiadas nele. Deixe os joelhos ligeiramente flexionados.

3 Dê um passo para o lado com a perna esquerda. Com o peso bem distribuído entre as pernas, inspire e agache. Ao expirar, endireite os joelhos e traga a perna esquerda de volta ao centro. A seguir, dê um passo para o lado com a perna direita e repita toda a seqüência. Faça todas as repetições alternando os lados.

Cruzamento de braço: iniciante

Nosso equilíbrio inicia um declínio sutil aos 40 anos; a mudança é tão lenta que em geral nem percebemos. Também é normal haver uma diferença marcada entre os lados esquerdo e direito do corpo. Com exercícios, porém, é possível amenizar o problema.

Comece no nível 1 e siga em seu próprio ritmo até os níveis 2 e 3	
NÍVEL 1	10 repetições de cada lado, com cadeira: 1 série
NÍVEL 2	10 repetições, sem cadeira: 1 série
NÍVEL 3	10 repetições, sem cadeira, olhos fechados: 1 série

1 Em pé, jogue todo o peso do corpo sobre a perna esquerda. Flexione o joelho direito e dobre a perna para trás. Se necessário, apóie-se nas costas de uma cadeira; caso contrário, relaxe o braço esquerdo. Levante o braço direito na altura do ombro, cruze-o na frente do corpo e leve-o de volta à posição original. Repita todo o movimento sem colocar o pé direito no chão. Repita do outro lado.

DICA DA JOAN

Comece sempre pelo seu lado menos estável, para desenvolvê-lo.

Cruzamento de braço intermediário/avançado

Para aumentar o nível de dificuldade, o centro de gravidade é alterado: você vai se inclinar para a frente para tocar um peso. Se quiser uma variação mais avançada, pegue o peso com as mãos (ou com uma só) e leve-o até o peito. Fique ereta e a seguir coloque o peso no chão outra vez.

Comece no nível 1 e siga em seu próprio ritmo até os níveis 2 e 3	
NÍVEL 1	10 repetições de cada lado, tocando o peso: 1 série
NÍVEL 2	10 repetições, peso de 1 kg: 1 série
NÍVEL 3	10 repetições, peso de 2 kg: 1 série

1 Fique em pé, com os pés paralelos e afastados na largura do quadril. Ponha um peso (ou uma garrafinha cheia de água) em pé à frente da perna direita. Relaxe os braços ao lado do corpo.

2 Equilibrando-se na perna esquerda, incline o tronco à frente e toque o peso com a mão direita. Levante o tronco novamente, sem tocar o pé direito no chão. Faça todas as repetições prescritas de um lado antes de fazer do outro.

Panturrilha/tornozelo

O músculo tibial anterior (*ver pp. 28-29*), situado na canela, levanta o pé; é o primeiro músculo do corpo que começa a perder a força, afetando a capacidade de andar. Este exercício serve para fortalecê-lo, assim como ao gastrocnêmio, o maior músculo da panturrilha.

Comece no nível 1 e siga em seu próprio ritmo até os níveis 2 e 3	
NÍVEL 1	10 repetições: 1 série
NÍVEL 2	15 repetições: 1 série
NÍVEL 3	20 repetições: 1 série

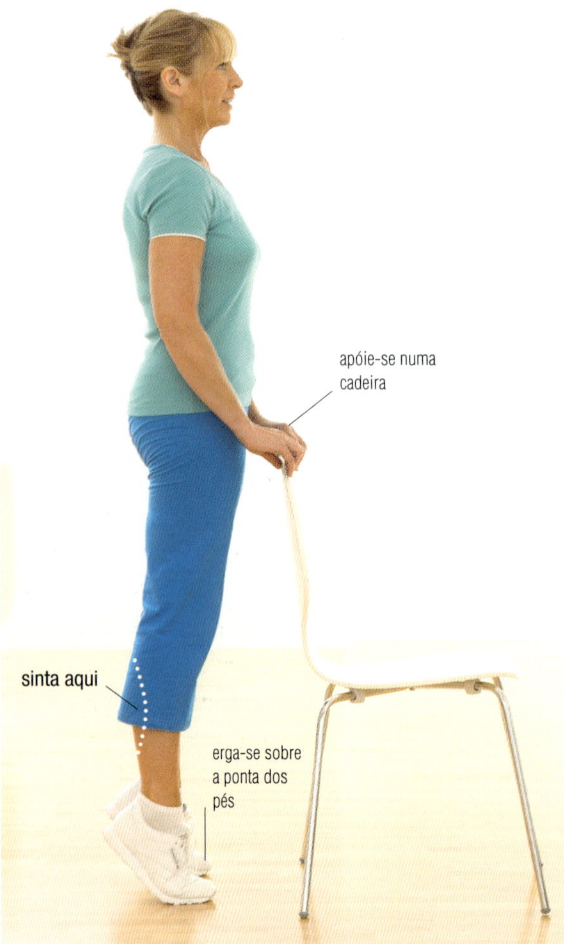

1 Fique em pé atrás de uma cadeira, com os pés paralelos e afastados na largura do quadril. Apóie as mãos nas costas da cadeira e erga os calcanhares o máximo possível, de modo a ficar sobre a ponta dos pés.

2 Pouse os calcanhares no chão e levante a ponta dos pés quanto puder. Repita todos os movimentos, alternando o ponto de sustentação entre os calcanhares e a ponta dos pés.

Desenvolvimento

Exercitando o músculo grande dorsal (*ver pp. 28-29*), você dará mais firmeza às costas, melhorando a postura e a aparência. O fortalecimento desse músculo aumentará ainda sua capacidade de realizar as tarefas diárias com facilidade.

Comece no nível 1 e siga em seu próprio ritmo até os níveis 2 e 3	
NÍVEL 1	10 repetições, faixa elástica leve: 1-2 séries
NÍVEL 2	12-15 repetições, faixa média: 1-2 séries
NÍVEL 3	8-12 repetições, faixa forte: 2-3 séries

1 Segurando a faixa, levante os braços acima da cabeça, com as palmas viradas para a frente e os cotovelos flexionados. Estique um pouco a faixa.

2 Inspire. Ao expirar, abaixe os braços para o lado, esticando a faixa na frente do tórax. Segure durante 1 segundo e alivie a tensão, mantendo os cotovelos flexionados e elevando os braços lentamente para voltar à posição inicial.

Supino inclinado

Os exercícios destas duas páginas fortalecem os músculos peitoral e deltóide (*ver pp. 28-29*) – os mesmos que são acionados nas flexões de braço. Depois de oito semanas realizando estas séries, você conseguirá executar flexões com menos esforço.

Comece no nível 1 e siga em seu próprio ritmo até os níveis 2 e 3	
NÍVEL 1	10 repetições, faixa leve: 1-2 séries
NÍVEL 2	12-15 repetições, faixe média: 1-2 séries
NÍVEL 3	8-12 repetições, faixa forte: 2-3 séries

1 Passe a faixa pelas costas, na altura das escápulas, e estique-a para a frente, com os cotovelos flexionados junto ao corpo, como na foto. Mantenha as escápulas abaixadas.

2 Expire enquanto estende os braços para cima, num ângulo de 45°. Pare, inspire e volte lentamente à posição inicial. Lembre-se de manter a faixa bem esticada durante todo o exercício. Faça todas as repetições.

Flexão/extensão dos ombros

Os ombros fazem a ligação entre os grandes grupos musculares das costas e do tórax. Ao fortalecê-los, você vai melhorar os movimentos da parte superior do corpo. Este exercício fortalece tanto a parte anterior dos ombros quanto a posterior.

Comece no nível 1 e siga em seu próprio ritmo até os níveis 2 e 3	
NÍVEL 1	10 repetições, faixa leve: 1-2 séries
NÍVEL 2	12-15 repetições, faixa média: 1-2 séries
NÍVEL 3	8-12 repetições, faixa forte: 2-3 séries

1 Em pé, leve a perna direita à frente, flexionada, e segure a faixa na frente do corpo. A mão esquerda deve estar ligeiramente mais alta do que a direita. Inspire.

2 Ao expirar, afaste as mãos, levando o braço esquerdo até a altura do ombro e o braço direito para trás. Pare, inspire e volte lentamente à posição inicial. Faça todas as repetições de um lado e depois passe para o outro.

Rosca bíceps dupla

Com um bíceps forte é mais fácil erguer e carregar pesos, seja uma mala ou uma panela, um laptop ou as compras. Este exercício destina-se à parte superior do corpo; a perna apenas segura a faixa, mas ainda assim é melhor alternar as pernas quando você fizer mais de uma série.

Comece no nível 1 e siga em seu próprio ritmo até os níveis 2 e 3	
NÍVEL 1	10 repetições, faixa leve: 1-2 séries
NÍVEL 2	12-15 repetições, faixa média: 1-2 séries
NÍVEL 3	8-12 repetições, faixa forte: 2-3 séries

1 Em pé, leve a perna direita à frente, flexionada, com o joelho alinhado ao tornozelo. Prenda a faixa debaixo do pé direito e segure-a pelas pontas, com os braços retos e as palmas viradas para a frente. Os pulsos também devem estar retos. Inspire.

2 Ao expirar, flexione os cotovelos, puxando a faixa para cima e contra os ombros. Segure por um momento e solte a faixa devagar. Se ela for pequena para a sua altura, prenda-a na coxa. Repita conforme as instruções anteriores.

Tríceps com faixa elástica

Este é outro exercício bom para fortalecer o braço; neste caso, o músculo posterior. A fim de proteger o pescoço do atrito com a faixa elástica, passe uma toalha dobrada pela nuca e ponha a faixa por cima dela.

Comece no nível 1 e siga em seu próprio ritmo até os níveis 2 e 3	
NÍVEL 1	10 repetições, faixa leve: 1-2 séries
NÍVEL 2	12-15 repetições, faixa média: 1-2 séries
NÍVEL 3	8-12 repetições, faixa forte: 2-3 séries

1 Segure a faixa conforme a foto e empurre as escápulas para baixo e para trás. Flexione os cotovelos em ângulo reto, vire as mãos para dentro e mantenha a faixa esticada. Inspire.

2 Ao expirar, estenda os braços para o chão, tendo o cuidado de manter os cotovelos colados ao corpo e os pulsos retos. Não deixe os ombros caírem para a frente. Execute o número recomendado de repetições.

Abdominal invertida

Quer você esteja começando a trabalhar o abdome, quer deseje apenas variar a rotina de exercícios, experimente abaixar o tronco em vez de elevá-lo, como faria na abdominal básica (*ver ao lado*). O alvo é o músculo reto abdominal (*ver pp. 28-29*).

Comece no nível 1 e siga em seu próprio ritmo até os níveis 2 e 3	
NÍVEL 1	10 repetições: 1-2 séries
NÍVEL 2	15 repetições: 1-2 séries
NÍVEL 3	20 repetições: 2-3 séries

1 Sente-se no chão, com os joelhos flexionados em ângulo reto e a sola dos pés no chão. Aproxime o tronco das coxas tanto quanto puder e estique os braços à frente, na altura dos ombros, com as palmas viradas para dentro. Inspire.

DICA DA JOAN

Para aumentar a intensidade, sustente a posição por 5-10 segundos.

2 Ao expirar, desça a coluna até o chão, vértebra por vértebra, até o tronco ficar num ângulo de 45°. Volte à posição inicial. Se você não tiver força no abdome para se erguer, dê um impulso com os braços.

Abdominal básica

É preciso foco e consciência corporal para aperfeiçoar a execução da abdominal básica. O segredo está na respiração e na contração do abdome: a cada vez que levantar a cabeça e os ombros, expire e contraia ao máximo a musculatura da região.

Comece no nível 1 e siga em seu próprio ritmo até os níveis 2 e 3	
NÍVEL 1	10 repetições: 1-2 séries
NÍVEL 2	15 repetições: 1-2 séries
NÍVEL 3	20 repetições: 2-3 séries

1 Deite de costas, com os joelhos em ângulo reto e a sola dos pés no chão. Para evitar esforço no pescoço, ponha os dedos nas orelhas e apóie a cabeça neles. Deixe os braços bem abertos e inspire.

2 Ao expirar, contraia bem os músculos abdominais e tire do chão apenas a cabeça e os ombros. Mantenha o queixo erguido. Pare no alto, inspire e volte, apoiando as escápulas no chão.

Com uma toalha
Para aproximar mais o tórax dos joelhos ao se levantar, segure uma toalha dobrada atrás das coxas. Sustente a posição por 5 segundos.

46-55 ANOS: AQUECIMENTO

O step é uma maneira eficiente de se aquecer e também de melhorar o desempenho no teste de aptidão física (*ver p. 19*). A altura da plataforma, a velocidade dos movimentos e o peso sustentado determinam a intensidade do exercício. Depois de aprender os movimentos, comece a usar pesos de 1 kg e procure chegar a 4 kg em cada mão.

Step

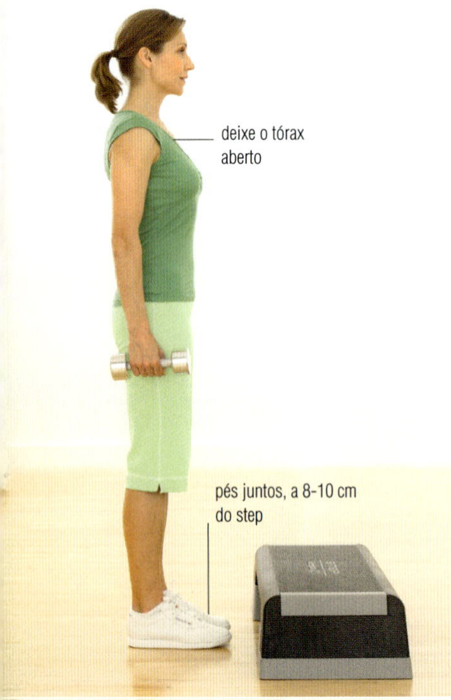

1 Fique em pé em frente à plataforma, a 8-10 cm dela, e segure um peso em cada mão. Mantenha os pés juntos e os braços ao lado do corpo, com as palmas viradas para dentro. Para começar, pise no step com o pé esquerdo.

DICA DA JOAN

Se você sentir dor no pescoço ou nos ombros, use pesos mais leves.

2 Assim que o pé esquerdo estiver no step, coloque ali também o pé direito. Deixe os braços estendidos ao lado do corpo e os punhos retos.

3 Imediatamente, desça o pé esquerdo, pisando no chão primeiro com a ponta do pé. Mantenha a cabeça, o pescoço e a coluna alinhados ao subir e descer do step.

4 Agora desça o pé direito. A seguir, suba o esquerdo. Prossiga o exercício no padrão "sobe, sobe, desce, desce".

- **Repetições:** 20. Depois troque o pé que inicia a seqüência e repita

Step com pés alternados

1 Segurando um peso em cada mão, fique de frente para o step, como antes (*ver p. 58*). Suba no step com o pé esquerdo.

2 Assim que o pé esquerdo estiver no step, suba também com o pé direito. Mantenha os braços estendidos ao longo do corpo.

3 Desça o pé esquerdo, pisando no chão com a ponta do pé.

Step com rosca bíceps

1 Continue alternando os pés, sempre com os pesos nas mãos; palmas viradas para dentro. Quando puser o pé esquerdo no step, comece a levar os braços na direção do tronco.

2 Quando subir o pé direito, aproxime as mãos dos ombros. Desça o pé esquerdo e depois bata o pé direito no chão enquanto estende os braços. Imediatamente, suba o pé direito; continue, alternando o pé que lidera o movimento.

- **Repetições:** 20

4 Desça com o pé direito, batendo a ponta no chão e imediatamente colocando-o no step outra vez. Continue com o padrão "sobe, sobe, desce, troca".

- **Repetições**: 20 (de cada lado)

Um pé de cada lado

1 Coloque um pé de cada lado do step. Segure um peso em cada mão. As palmas devem estar viradas para dentro; os punhos ficam retos (*foto menor*). Com os joelhos semiflexionados, ponha o pé esquerdo no step.

2 Assim que o pé esquerdo estiver no step, suba com o pé direito. Os dois pés devem estar no meio da plataforma. Cuide de distribuir o peso do corpo igualmente sobre as duas pernas.

3 Mantendo o ritmo dos exercícios anteriores (*pp. 58-61*), desça o pé esquerdo ao lado do step, pisando primeiro com a ponta do pé.

4 Imediatamente, desça o pé direito, de modo a ficar na posição inicial. Continue se mexendo no padrão "sobe, sobe, desce, desce".

- **Repetições:** 20; depois troque o pé que lidera e repita

Por cima do step

1 Fique em pé 10 cm à direita do degrau, com os pés paralelos. Segure um peso em cada mão (as palmas devem estar viradas para dentro) e pise no step com o pé esquerdo.

2 Assim que o pé esquerdo estiver no step, suba o pé direito. Você deve ficar bem no meio do step, com um espaço de 10 cm entre os pés. Deixe os braços estendidos ao lado do corpo.

3 Desça do outro lado do step com o pé esquerdo e a seguir bata o pé direito no chão. Agora volte para o outro lado, invertendo a seqüência dos pés: primeiro o direito.

- **Repetições:** 20 (de cada lado)

46-55 ANOS: PROGRAMA

Você pode realizar estes exercícios na ordem em que eles são apresentados, mas, se quiser variar a rotina, intercale-os com os exercícios de aquecimento (*ver pp. 58-64*) e crie um circuito. Manter a freqüência cardíaca elevada durante o treino é bom para o sistema cardiovascular e ajuda a fortalecer músculos e ossos.

Relógio do equilíbrio

Este exercício proporciona vários benefícios: cada vez que se abaixar, você estará fazendo um agachamento que trabalha a perna toda, do quadril ao tornozelo. Trabalhar uma perna de cada vez ajuda a identificar assimetrias de força e equilíbrio, possibilitanto o desenvolvimento uniforme.

Comece no nível 1 e siga em seu próprio ritmo até os níveis 2 e 3	
NÍVEL 1	3 repetições em cada posição: 1 série
NÍVEL 2	5 repetições em cada posição: 1 série
NÍVEL 3	10 repetições em cada posição: 1 série

1 Em cima do step, estenda a perna esquerda para a frente, apontando para o 12 de um relógio imaginário (*foto menor*). Flexione o joelho direito e abaixe o corpo devagar. Pressione o pé direito com força para se erguer e voltar à posição inicial.

2 Mantenha o quadril virado para a frente e leve a perna esquerda, estendida, para o número 9 do relógio e depois para o número 6, repetindo o agachamento três vezes em cada posição. Repita com a outra perna.

Agachamento lateral com pesos

Este exercício fortalece os glúteos e modela o bumbum (*ver pp. 28-29*). Os glúteos são acionados cada vez que subimos um degrau ou uma rampa. Além disso, nessas atividades também fortalecemos o fêmur (o osso da coxa).

Comece no nível 1 e siga em seu próprio ritmo até os níveis 2 e 3	
NÍVEL 1	10 repetições sem pesos: 1-2 séries
NÍVEL 2	12-15 repetições com pesos de 1-2 kg: 1-2 séries
NÍVEL 3	8-12 repetições com pesos de 4-5 kg; 2-3 séries

1 Suba no degrau, virando-se para uma das pontas. Deixe os pés paralelos e as pernas abertas na largura do quadril. Segure um peso em cada mão (elas devem estar viradas para dentro). Se preferir, flexione os braços e pouse os pesos nos ombros ou no quadril (*ver p. 68*).

2 Desça a perna direita. Inspire enquanto flexiona lentamente os dois joelhos para se agachar. Expire, contraia os glúteos, puxe a perna esquerda e volte à posição inicial. Repita conforme as instruções e troque de lado.

Joelho e braços para cima

Este exercício exige coordenação de vários grupos musculares. Os grandes músculos da perna são sincronizados com os dos ombros e os da parte superior das costas, ao mesmo tempo em que são acionados os músculos do abdome e os extensores da coluna.

Comece no nível 1 e siga em seu próprio ritmo até os níveis 2 e 3	
NÍVEL 1	10 repetições com um peso de 1 kg: 1 série
NÍVEL 2	12-15 repetições com um peso de 2 kg: 1 série
NÍVEL 3	8-12 repetições com um peso de 4 kg: 1 série

1 Apóie o pé esquerdo no step. Segure um peso com as duas mãos (*como na foto*) e estenda os braços em diagonal à frente do corpo (*mãos acima da cabeça*).

2 Erga o joelho direito na altura do quadril enquanto flexiona os braços, aproximando o peso do joelho. Volte à posição inicial. Repita conforme as instruções e troque de lado.

Afundo e meio agachamento

Este exercício é uma maneira eficiente de fortalecer os músculos das nádegas e das coxas. O afundo fica mais fácil com a ajuda do step. No entanto, segurar pesos durante o meio agachamento aumenta a intensidade do esforço total.

Comece no nível 1 e siga em seu próprio ritmo até os níveis 2 e 3	
NÍVEL 1	10 repetições (5 de cada lado) sem peso: 1 série
NÍVEL 2	12-15 repetições com pesos de 1-2 kg: 1 série
NÍVEL 3	8-12 repetições com pesos de 4-5 kg: 1 série

Braço: posição alternativa
Se você sentir dor no pescoço ou no alto das costas, experimente apoiar os pesos no quadril (*como na foto*).

1 Fique de frente para o step, a 45 cm de distância. Deixe os pés paralelos e as pernas abertas na largura do quadril. Estenda os braços ao lado do corpo com as palmas para dentro e um peso em cada uma. Joelhos relaxados.

2 Pise no degrau com o pé esquerdo e agache. O joelho esquerdo não pode ultrapassar o pé esquerdo. Na hora de levantar, o pé direito deve tocar o chão apenas com a ponta. Os braços permanecem estendidos ao lado do corpo.

3 Estique as duas pernas e volte à posição original: pés paralelos, pernas afastadas na largura do quadril, braços estendidos ao lado do corpo e palmas viradas para dentro.

4 Flexione os joelhos e faça um meio agachamento. Volte à posição inicial e repita o exercício desde o começo com a outra perna (está completa uma repetição). Continue alternando as pernas no afundo, fazendo sempre um meio agachamento entre uma e outra. Repita conforme as instruções.

Extensão do tornozelo

O aparelho de step é ótimo para realizar a extensão do tornozelo de forma a trabalhar todo o músculo. O exercício também pode ser feito no degrau de uma escada ou no meio-fio da calçada.

Comece no nível 1 e siga em seu próprio ritmo até os níveis 2 e 3	
NÍVEL 1	10 repetições por perna + 10 repetições de ambas as pernas: 1 série
NÍVEL 2	15 repetições por perna + 15 repetições de ambas as pernas: 1 série
NÍVEL 3	20 repetições por perna + 20 repetições de ambas as pernas: 1 série

1 Suba no degrau com a ponta do pé direito e apóie-se numa parede ou numa cadeira, para não perder o equilíbrio. Passe o outro pé por trás do tornozelo (*como na foto*) e empurre o calcanhar direito para baixo.

2 Expire ao erguer o corpo apoiada na ponta do pé e volte a empurrar o calcanhar para baixo. Repita conforme as instruções e troque de pé. Termine fazendo uma série com os dois pés ao mesmo tempo.

Remada unilateral

Como a musculatura das costas não está à vista, nossa tendência é negligenciá-la. Porém, a dor nas costas é um problema sério e afeta milhões de pessoas. Ao fortalecer o músculo grande dorsal (*ver pp. 28-29*), reduzimos o risco de lesões.

Comece no nível 1 e siga em seu próprio ritmo até os níveis 2 e 3	
NÍVEL 1	10 repetições com peso de 2 kg: 1-2 séries
NÍVEL 2	12-15 repetições com peso de 4 kg: 1-2 séries
NÍVEL 3	8-12 repetições com peso de 5-5,5 kg: 2-3 séries

1 Ponha o pé esquerdo no step, flexione a perna esquerda e incline o tronco à frente. Pouse a mão esquerda na coxa. Segure um peso na mão direita.

2 Empurre as escápulas para trás e deixe-as assim o tempo todo. Expire enquanto flexiona o cotovelo e leva o braço para trás. Inspire ao voltar à posição inicial. Repita conforme as instruções e troque de lado.

Elevação dos ombros

A elevação lateral e frontal dos ombros trabalha o deltóide (*ver pp. 28-29*), músculo volumoso que modela os ombros. Ao tonificar esse músculo, você vai melhorar a aparência da região, quer esteja usando uma regata ou uma jaqueta.

Comece no nível 1 e siga em seu próprio ritmo até os níveis 2 e 3	
NÍVEL 1	10 repetições com pesos de 0,5-1 kg: 1 série
NÍVEL 2	12-15 repetições com pesos de 2 kg: 1 série
NÍVEL 3	8-12 repetições com pesos de 4 kg: 1 série

1 Em pé, com os pés paralelos e os joelhos semiflexionados, afaste as pernas na largura do quadril. Segure um peso em cada mão (palmas viradas para trás) e estenda os braços na frente das coxas. Abaixe e junte as escápulas.

2 Inspire. Ao expirar, levante os braços até a altura dos ombros. Mantenha os pulsos retos. Os braços devem estar retos, mas não rígidos.

4 Inspire. Ao expirar, levante os braços ao lado do corpo até a altura dos ombros. Mantenha os cotovelos semiflexionados. No final do movimento as mãos devem estar viradas para baixo. Inspire e volte lentamente à posição inicial. Repita toda a seqüência conforme as instruções.

3 Faça uma pausa e retorne os braços lentamente à posição inicial, mantendo os ombros para trás. Vire os braços de modo que as palmas se voltem na direção do corpo.

DICA DA JOAN

Para isolar os ombros, faça o movimento com os cotovelos, e não com os antebraços.

Flexão de braço modificada

Tanto a flexão de braço quanto o crucifixo (*página ao lado*) fortalecem os músculos peitoral e deltóide (*ver pp. 28-29*). Realizar os dois exercícios num aparelho de step é uma boa maneira de se fortalecer, pois a amplitude menor do movimento facilita as coisas.

Comece no nível 1 e siga em seu próprio ritmo até os níveis 2 e 3	
NÍVEL 1	10 repetições: 1-2 séries
NÍVEL 2	12-15 repetições: 1-2 séries
NÍVEL 3	20 repetições: 1-2 séries

1 Ajoelhe-se em frente ao step e apóie nele as mãos, que devem ficar 8-10 cm para além da linha do tórax. O quadril, os ombros e os joelhos devem formar uma linha reta. Contraia bem o abdome para evitar lesão nas costas e jogue o peso do corpo para a frente, para evitar problemas no joelho.

2 Abaixe e junte as escápulas e inspire, flexionando os cotovelos em ângulo reto para que o tronco se aproxime do step. Expire enquanto retorna à posição inicial. Repita o exercício conforme as instruções.

Ao abaixar o tórax, flexione os cotovelos em ângulo reto.

Flexão avançada
Para aumentar o esforço, ponha os pés sobre o step e aumente o esforço do tórax e dos ombros.

Crucifixo

Algumas de minhas alunas simplesmente não gostam de fazer flexões de braço, por isso usamos alternativas como o crucifixo, que trabalha os mesmos músculos. Este exercício tonifica o peito e modela a parte anterior dos ombros.

Comece no nível 1 e siga em seu próprio ritmo até os níveis 2 e 3	
NÍVEL 1	10 repetições com pesos de 1 kg: 1-2 séries
NÍVEL 2	12-15 repetições com pesos de 2 kg: 1-2 séries
NÍVEL 3	8-12 repetições com pesos de 4-5 kg: 2-3 séries

1 Deite-se sobre o step, com os pés bem apoiados no chão. Contraia o abdome para manter o alinhamento neutro da coluna e evitar dor nas costas. Segure um peso em cada mão e erga os braços acima do tórax.

DICA DA JOAN

Mantenha as escápulas abaixadas e juntas ao movimentar os braços.

2 Empurre as escápulas contra o step, inspire e abra os braços para os lados. Expire e feche os braços lentamente, até os pesos se tocarem no alto. Repita o exercício conforme as instruções.

Tríceps banco

Ao realizar este exercício, é importante firmar os ombros para que eles não caiam para a frente, o que causaria uma lesão na articulação. Se estiver na postura correta, você sentirá o tríceps e os músculos entre as escápulas.

Comece no nível 1 e siga em seu próprio ritmo até os níveis 2 e 3	
NÍVEL 1	10 repetições: 1-2 séries
NÍVEL 2	12-15 repetições: 1-2 séries
NÍVEL 3	20 repetições: 1-2 séries

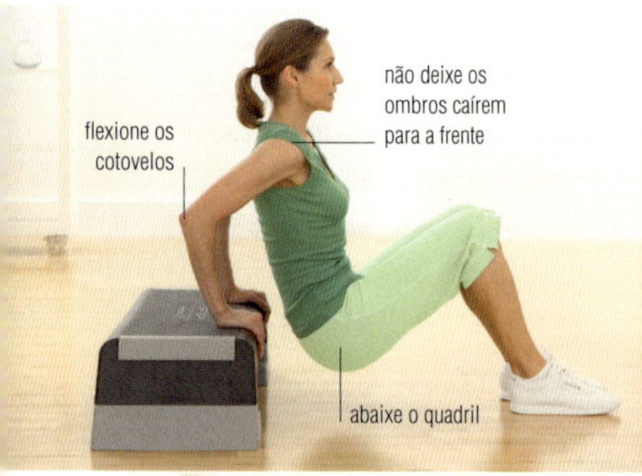

1 Sente na borda do degrau, com os joelhos flexionados e os pés no chão, os braços retos. Apóie as mãos no step. Sustentando o peso do corpo nos braços, levante o quadril. Inspire e, devagar, flexione os cotovelos, aproximando o quadril do chão.

Variação: perna reta
Para aumentar o esforço, estique as pernas na frente do corpo antes de abaixar o quadril. Isso joga mais carga sobre a parte superior do corpo, aumentando a resistência.

2 Expire, pressionando as mãos para endireitar os braços e levantar o quadril até o nível do step. Cuidado para não travar os cotovelos. Repita conforme as instruções.

Abdominal com bicicleta

Estudos comprovam que este é um dos mais eficientes exercícios abdominais, pois ele trabalha os quatro músculos do abdome: reto abdominal, oblíquos interno e externo e transverso abdominal (*ver pp. 28-29*).

Comece no nível 1 e siga em seu próprio ritmo até os níveis 2 e 3	
NÍVEL 1	10 repetições (de cada lado): 1-2 séries
NÍVEL 2	12-15 repetições: 1-2 séries
NÍVEL 3	20 repetições: 1-2 séries

1 Deite de costas, com as pernas para cima e os joelhos flexionados em ângulo reto. Repouse a cabeça sobre a ponta dos dedos (o polegar deve tocar o lobo inferior da orelha).

DICA DA JOAN

Para aumentar a intensidade do exercício, sustente cada torção por 3 segundos.

2 Contraia o abdome e tire do chão a cabeça e os ombros, torcendo o tronco para aproximá-los do joelho direito, ao mesmo tempo em que estica a perna esquerda. Volte à posição inicial e repita do outro lado. Expire na subida. Repita conforme as instruções.

Abdominal alternada

Tanto este exercício quanto o da página ao lado trabalham os músculos abdominais sem a flexão da coluna. Além de oferecer uma variação ao programa de abdominais, eles são uma maneira segura de tonificar o abdome quando há algum problema nas costas.

Comece no nível 1 e siga em seu próprio ritmo até os níveis 2 e 3	
NÍVEL 1	5-10 repetições (de cada lado): 1 série
NÍVEL 2	15 repetições: 1 série
NÍVEL 3	10 repetições sustentando a posição estendida por 5-10 s: 1 série

1 Deite de costas, com as pernas para cima e os joelhos flexionados em ângulo reto. Estique os braços para cima, alinhando-os aos ombros. As palmas devem estar viradas para dentro.

2 Contraia bem o abdome. Abaixe o braço esquerdo para trás ao mesmo tempo em que estica a perna direita. Abaixe a perna o máximo que puder sem arquear as costas. Aproxime o joelho esquerdo do tórax. Volte à posição inicial e repita, alternando os lados.

Prancha com joelho flexionado

Além de trabalhar os músculos abdominais, este exercício aciona também os extensores da coluna (*ver pp. 28-29*). Assim, o trabalho abdome-costas é completo. Mantenha o abdome contraído para estabilizar o tronco durante o exercício.

Comece no nível 1 e siga em seu próprio ritmo até os níveis 2 e 3	
NÍVEL 1	5-10 repetições (de cada lado): 1-2 séries
NÍVEL 2	12-15 repetições: 1-2 séries
NÍVEL 3	20 repetições: 1-2 séries

1 Fique na posição inicial (*foto menor*) e contraia o abdome para estabilizar o tronco. Estique as pernas, apoiando-as na ponta dos pés (forma-se uma linha reta dos calcanhares à cabeça). Abaixe e junte as escápulas.

2 Com o tronco estabilizado e o quadril em ângulo reto com o chão, aproxime o joelho direito do solo e a seguir endireite-o, abaixando o joelho esquerdo. Continue alternando as pernas até completar a série indicada.

36-45 ANOS: AQUECIMENTO

Pular com uma bola de ginástica acelera o coração e aumenta a circulação sanguínea. Empurre os pés contra o chão e contraia o quadril e as coxas para tirar o peso da bola. Os músculos abdominais e os extensores da coluna (*ver pp. 28-29*) serão acionados simultaneamente para manter o tronco ereto enquanto você trabalha o equilíbrio e a coordenação motora.

Marcha com bola

1 Sente-se na bola um pouco à frente do centro. Deixe as costas retas, os pés paralelos e afastados na largura do quadril e os braços ao lado do corpo. Repouse as mãos na bola para se equilibrar. Mantenha o tronco ereto, olhe para a frente e contraia o abdome.

2 Comece a pular. Quando tiver atingido um ritmo estável e se sentir equilibrada sobre a bola, empurre a ponta do pé direito contra o chão, erguendo o calcanhar. No próximo pulo, troque de lado, erguendo o calcanhar do pé esquerdo. Continue alternando os pés a cada pulo.

3 Ainda pulando, levante o joelho direito, tirando o pé do chão; o pé esquerdo deve permanecer no solo. No próximo pulo, levante o joelho e o pé esquerdos. Siga alternando os pés, como se estivesse marchando. Os braços devem ficar sempre ao lado do corpo.

4 Agora passe a levantar o braço oposto à perna que sobe. Procure erguer o braço cada vez mais alto. Continue alternando as pernas.

- **Repetições:** 20 (de cada lado)

Chute com elevação dos braços

1 Nesta fase de transição, continue a pular. Deixe os braços ao lado do corpo e as mãos pousadas na bola.

2 Em um pulo, estique a perna direita para a frente e um pouco para o lado; desça com a ponta do pé direito apontando para cima. Ao mesmo tempo, levante o braço esquerdo acima da cabeça e um pouco para o lado. No pulo seguinte, volte ao centro; repita alternando os lados.

- **Repetições:** 20 (de cada lado)

Dança cossaca

1 Nesta transição para o próximo movimento, levante os dois braços à frente do corpo, na altura dos ombros, e continue pulando. Vire as palmas para baixo e plante os pés no chão, afastados na largura do quadril.

2 Com um pulo, estenda a perna e o braço direitos para o lado e leve o braço esquerdo, flexionado, para a frente do corpo, na altura dos ombros. No pulo seguinte, volte à posição inicial e repita do outro lado.

- **Repetições:** 20 (de cada lado)

Boneco saltador

> **DICA DA JOAN**
>
> *Colocar as pernas para o lado durante um pulo exige muito controle.*

1 Na fase de transição, continue a pular com os braços ao lado do corpo, pés paralelos e afastados na largura do quadril, preparando-se para o próximo movimento.

2 Com um pulo, afaste os joelhos e os pés, ao mesmo tempo em que levanta os braços acima da cabeça. No pulo seguinte, junte as pernas de novo e abaixe os braços, batendo as mãos na bola.

- **Repetições:** 20

36-45 ANOS: PROGRAMA

A partir dos 25 anos, o corpo começa a passar por alterações sutis que nem sempre se refletem na balança. Mesmo que você mantenha o peso estável ao longo do tempo, perderá cerca de 2 kg de músculos e ganhará 2 kg de gordura aos 50 anos, a menos que faça exercícios com carga, que protegem contra esse problema.

Agachamento com bola

Se você nunca fez agachamentos tradicionais, vai gostar de começá-los com o auxílio da bola. Neste tipo de agachamento, você fortalece as pernas e mantém o alinhamento correto: os joelhos não vão à frente dos tornozelos.

Comece no nível 1 e siga em seu próprio ritmo até os níveis 2 e 3	
NÍVEL 1	10 repetições sem peso: 1-2 séries
NÍVEL 2	12-15 repetições com pesos de 2-4 kg: 1-2 séries
NÍVEL 3	8-12 repetições com pesos de 5-5,5 kg: 2-3 séries

1 Segure um peso em cada mão, palmas viradas para dentro. Encoste a bola na parede de modo que ela se acomode na curvatura da sua coluna. Jogue o peso contra a bola e leve os pés à frente, até as pernas ficarem quase retas.

2 Com as costas retas, flexione os joelhos lentamente até as coxas estarem paralelas ao solo (ou até onde você conseguir). Os joelhos devem ficar alinhados aos tornozelos. Faça uma pausa breve, contraia os glúteos e suba.

Afundo com bola

Esta variação do afundo mescla movimentos do abdome, da parte superior e da parte inferior do corpo, acionando todos os músculos ao mesmo tempo. Exercícios como este, que simulam movimentos naturais, preparam-nos para as tarefas do cotidiano.

Comece no nível 1 e siga em seu próprio ritmo até os níveis 2 e 3	
NÍVEL 1	10 repetições: 1-2 séries
NÍVEL 2	12-15 repetições: 1-2 séries
NÍVEL 3	20 repetições: 1-2 séries

1 Fique em pé, com os pés paralelos e afastados na largura do quadril. Segure a bola com as duas mãos, na altura da cintura, com os cotovelos flexionados em ângulo reto. Endireite a coluna e contraia o abdome.

2 Inspire e dê um passo à frente com a perna direita. Flexione os dois joelhos e incline o corpo à frente para tocar a bola. Expirando, volte à posição inicial. Repita conforme as instruções, troque as pernas e comece de novo.

Agachamento e elevação do joelho

Além de modelar, tonificar e fortalecer os músculos do quadril, das coxas e das nádegas, este exercício treina o equilíbrio, em especial se você parar com o joelho no ar na etapa 2. Veja qual perna é menos equilibrada e comece por ela.

Comece no nível 1 e siga em seu próprio ritmo até os níveis 2 e 3	
NÍVEL 1	10 repetições: 1-2 séries
NÍVEL 2	12-15 repetições: 1-2 séries
NÍVEL 3	20 repetições: 1-2 séries

1 Em pé, abra as pernas na largura do quadril (pés paralelos), semiflexione os joelhos e segure a bola (*foto menor*). Dê um passo grande para o lado com a perna direita, mantendo os pés paralelos. Inspire e flexione os dois joelhos para agachar.

2 Expire, estique as pernas e depois leve o joelho direito para cima, fazendo-o tocar a bola; logo em seguida, agache outra vez. Repita conforme as instruções, troque de perna e comece de novo.

Elevação posterior das pernas

Esta variação do exercício atinge três áreas problemáticas: as nádegas, a parte posterior e a parte interna das coxas (*ver pp. 28-29*). Como ela é feita com a bola, treina também o equilíbrio e acaba por acionar a musculatura abdominal e das costas.

Comece no nível 1 e siga em seu próprio ritmo até os níveis 2 e 3	
NÍVEL 1	10 repetições: 1-2 séries
NÍVEL 2	12-15 repetições: 1-2 séries
NÍVEL 3	20 repetições: 1-2 séries

1 Deite sobre a bola em decúbito dorsal e repouse o quadril no alto da bola. Apóie-se nas mãos (pulsos alinhados com os ombros) e estenda as pernas (ponta dos pés no chão). Separe as pernas e forme um grande "V".

2 Contraia os glúteos e levante as pernas lentamente até a altura do quadril. Junte as pernas no alto, com a força da parte interna das coxas. Pare e repouse as pernas no chão outra vez, em formato de "V". Repita conforme as instruções.

DICA DA JOAN

Para manter alinhados o pescoço, a cabeça e a coluna, aponte o nariz para o chão.

Remada simultânea

Trabalhar o músculo grande dorsal (*ver pp. 28-29*) melhora o desempenho nos esportes – torna mais potentes o serviço no tênis, as tacadas no golfe e as braçadas na natação. Se você corre, este exercício a protegerá contra a tendência de curvar as costas.

Comece no nível 1 e siga em seu próprio ritmo até os níveis 2 e 3	
NÍVEL 1	10 repetições com pesos de 2 kg: 1-2 séries
NÍVEL 2	12-15 repetições com pesos de 4 kg: 1-2 séries
NÍVEL 3	8-12 repetições com pesos de 5-5,5 kg: 2-3 séries

1 Sente na bola e segure um peso em cada mão. Com as costas retas, incline o tronco à frente num ângulo de 45°. Empurre as escápulas para dentro e inspire.

2 Enquanto expira, flexione os cotovelos e puxe os braços para trás. Os pesos devem chegar ao nível da cintura. Inspire e retorne lentamente à posição inicial. Repita conforme as instruções.

Pullover

Além de trabalhar os músculos laterais e os peitorais, este exercício ainda alonga o abdome, configurando-se em uma boa transição do treino das costas para o do tórax. Para acionar os músculos corretos, deixe os cotovelos flexionados e mexa os braços a partir dos ombros.

Comece no nível 1 e siga em seu próprio ritmo até os níveis 2 e 3	
NÍVEL 1	10 repetições com pesos de 1 kg: 1-2 séries
NÍVEL 2	12-15 repetições com pesos de 2 kg: 1-2 séries
NÍVEL 3	8-12 repetições com pesos de 4-5 kg: 2-3 séries

1 Sente na bola e role o corpo para a frente. Apenas a cabeça, a nuca e os ombros devem permanecer apoiados na bola. Segure um peso em cada mão e estique os braços para o alto, com as palmas viradas para dentro (*foto menor*). Empurre as escápulas para baixo, inspire e leve os pesos para trás da cabeça.

2 Ao expirar, puxe os pesos por cima do tórax, até a linha da cintura. Para facilitar o exercício, você pode fechar os braços e deixar os pesos lado a lado ou então segurar um único peso (mais pesado) com as duas mãos. Mantenha o quadril erguido e repita conforme as instruções.

Supino com pesos

Aqui um exercício clássico fica mais interessante por ser realizado numa superfície instável e exigir estabilidade dos músculos centrais e força da metade inferior do corpo. Acione um braço de cada vez para desafiar ainda mais o equilíbrio do tronco.

Comece no nível 1 e siga em seu próprio ritmo até os níveis 2 e 3	
NÍVEL 1	10 repetições com pesos de 1 kg: 1-2 séries
NÍVEL 2	12-15 repetições com pesos de 2 kg: 1-2 séries
NÍVEL 3	8-12 repetições com pesos de 4-5 kg: 2-3 séries

1 Sente na bola e role o corpo para a frente, como no exercício anterior. Segure um peso em cada mão e estique os braços para cima, flexionando os cotovelos em ângulo reto.

2 Ao expirar, estenda um braço para cima, sem travar o cotovelo. Inspire enquanto volta à posição inicial, faça uma pausa e repita o movimento com o outro braço. Alterne os braços ao realizar todas as repetições.

Extensão do tríceps

Esse músculo é problemático para as mulheres, pois fica numa região onde a gordura costuma se depositar. Uma boa estratégia para tonificar e modelar a área é fortalecer o tríceps com exercícios com carga e reduzir a gordura com um trabalho cardiovascular.

Comece no nível 1 e siga em seu próprio ritmo até os níveis 2 e 3	
NÍVEL 1	10 repetições com peso de 1 kg: 1-2 séries
NÍVEL 2	12-15 repetições com peso de 2 kg: 1-2 séries
NÍVEL 3	8-12 repetições com peso de 4 kg: 2-3 séries

1 Sente na bola e role o corpo para a frente, apoiando nela a cabeça, a nuca e os ombros. Segure um peso com a mão direita e flexione o cotovelo em ângulo reto. Apóie com a mão esquerda o cotovelo flexionado.

2 Com o cotovelo ainda seguro, expire e estique o braço para cima. Repita o movimento conforme as instruções, troque de braço e comece de novo.

Rosca bíceps

O bíceps é um músculo que responde rapidamente ao treinamento. Quando fortalecido, ele facilita muito o arrasta-puxa-e-carrega do dia-a-dia. Ao fazer o exercício com um pé apoiado numa base instável, você vai melhorar também o equilíbrio.

Comece no nível 1 e siga em seu próprio ritmo até os níveis 2 e 3	
NÍVEL 1	10 repetições com pesos de 1 kg: 1-2 séries
NÍVEL 2	12-15 repetições com pesos de 2 kg: 1-2 séries
NÍVEL 3	8-12 repetições com pesos de 4-5 kg: 2-3 séries

Alternativa mais fácil
Se você achar difícil equilibrar-se com uma perna no chão e outra na bola, treine sem a bola, como na foto acima.

1 Segure um peso em cada mão e posicione os braços ao lado do corpo, com as palmas viradas para a frente. Apóie a perna esquerda na bola, deixando a direita semiflexionada.

2 Expire e puxe os antebraços para cima, mantendo os cotovelos junto do corpo. Pare, inspire e abaixe os braços devagar. Repita o movimento conforme as instruções.

Oblíquos com bola

Usar a bola é uma boa maneira de variar os exercícios abdominais. Nesta variação, serão acionados os músculos oblíquos, cujo fortalecimento será ainda maior devido à sobrecarga proporcionada pelos halteres.

Comece no nível 1 e siga em seu próprio ritmo até os níveis 2 e 3	
NÍVEL 1	10 repetições com peso de 1 kg: 1-2 séries
NÍVEL 2	12-15 repetições com peso de 2 kg: 1-2 séries
NÍVEL 3	12-15 repetições com peso de 4 kg: 1-2 séries

1 Sente na bola e role o corpo para a frente até apoiar as costas. Cabeça, pescoço e coluna devem estar alinhados e paralelos ao solo. Com as duas mãos, segure um peso sobre o peito (*como na foto*) e inspire.

2 Ao expirar, contraia o abdome e levante a cabeça e o pescoço, girando o ombro esquerdo na direção do quadril direito. Inspire e volte lentamente à posição original. Repita do outro lado e prossiga conforme as instruções.

Empurrar/puxar a bola

Este exercício trabalha os músculos abdominais e os extensores da coluna (*ver pp. 28-29*) e é uma alternativa excelente às intermináveis abdominais. Ele é bom ainda para quem tem problemas na coluna, pois aciona o abdome sem mexer com as costas.

Comece no nível 1 e siga em seu próprio ritmo até os níveis 2 e 3	
NÍVEL 1	10 repetições: 1-2 séries
NÍVEL 2	12-15 repetições: 1-2 séries
NÍVEL 3	20 repetições: 1-2 séries

1 Ajoelhe-se diante da bola com as pernas abertas e alinhadas ao quadril. Pouse as mãos no alto da bola, perto do corpo. Contraia o abdome e empurre as escápulas para baixo.

2 Empurre a bola para a frente, jogando o peso do corpo sobre ela. A seguir, com a força da musculatura abdominal, puxe-a de volta e retorne à posição inicial. Repita o movimento conforme as instruções.

Canivete com bola

Embora este exercício trabalhe todo o abdome, você vai sentir o músculo mais profundo da área, o transverso (*ver pp. 28-29*). Não tente a versão avançada (*página ao lado*) até dominar o nível 3 da versão básica.

Comece no nível 1 e siga em seu próprio ritmo até os níveis 2 e 3	
NÍVEL 1	10 repetições: 1-2 séries
NÍVEL 2	12-15 repetições: 1-2 séries
NÍVEL 3	20 repetições: 1-2 séries

1 Deite-se na bola em decúbito dorsal (*ver pp. 34-35*) e leve as mãos à frente até a canela estar totalmente apoiada no alto da bola. Pernas e pés devem estar unidos e os pulsos alinhados com os ombros. O corpo tem de formar uma linha reta da cabeça aos calcanhares. Inspire.

2 Ao expirar, contraia o abdome e flexione os joelhos na direção do tórax, puxando a bola para baixo do quadril. Inspire ao esticar as pernas para empurrar a bola de volta à posição inicial. Repita conforme as instruções, mantendo a cabeça e a coluna alinhadas.

Alternativa mais fácil
Se você for iniciante, modifique o movimento: comece com a bola sob as coxas e role-a com os joelhos, não com a canela.

Canivete com bola avançado

1 Role sobre a bola até apoiar nela a canela. Os pulsos devem estar alinhados aos ombros. Use a força da musculatura abdominal para manter o corpo alinhado. Inspire.

DICA DA JOAN

Mantenha cabeça, coluna e pescoço alinhados ao flexionar o quadril.

2 Expire ao contrair o abdome e levantar o quadril num movimento contínuo, de modo a formar com o corpo um "V" invertido. Faça uma pausa, inspire e volte lentamente à posição inicial. Repita.

26-35 ANOS: AQUECIMENTO

Este é um aquecimento avançado que exige pernas fortes e joelhos saudáveis. Variações do afundo combinadas à movimentação da parte superior do tronco criam uma "bomba" que acelera os batimentos cardíacos e a respiração. É mais fácil aprender primeiro as variações do afundo e só depois começar a movimentar o tronco e os membros superiores.

Afundo parcial

Se você for iniciante ou tiver problemas no joelho, faça o afundo parcial, no qual o joelho não completa o movimento. Caso sinta dores, pule estes exercícios e experimente um aquecimento diferente, como o do programa com passo e toque (*pp. 38-43*) ou com step (*pp. 58-64*)

Afundo completo

Se você estiver em forma, não apresentar nenhum problema nos joelhos e tiver pernas fortes, execute o afundo completo nesta série de exercícios de aquecimento. Dobre a perna de trás até o joelho ficar a 8-10 cm do chão e mantenha sempre o joelho da frente alinhado com o tornozelo.

Avanço

1 Em pé, com os pés paralelos e alinhados ao quadril, relaxe os ombros ao lado do corpo. Jogue o peso sobre a perna esquerda, a perna de apoio.

2 Inspire enquanto leva a perna direita à frente e flexiona os dois joelhos, abaixando o quadril; ao mesmo tempo, erga os braços acima da cabeça. O joelho direito não deve ultrapassar a linha do tornozelo. Expire enquanto volta à posição inicial. Troque de lado e repita.

- **Repetições:** 10 em cada posição (de cada lado)

Avanço diagonal

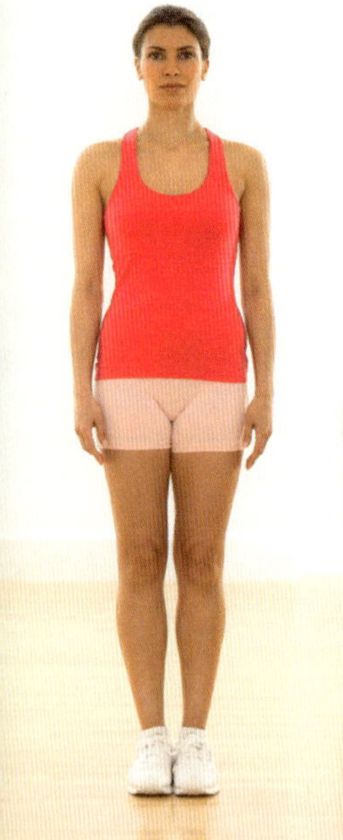

1 Fique em pé, com os pés juntos e os braços estendidos ao lado do corpo (*foto menor*). Apóie a ponta do pé direito no chão e gire o corpo para a esquerda, na diagonal, agachando-se (de frente para o número 11 de um relógio imaginário). Ao mesmo tempo, levante os braços para a frente, na altura dos ombros.

DICA DA JOAN

Ao girar o corpo para a esquerda ou a direita, mantenha alinhados o pé, o tornozelo, o joelho e o quadril.

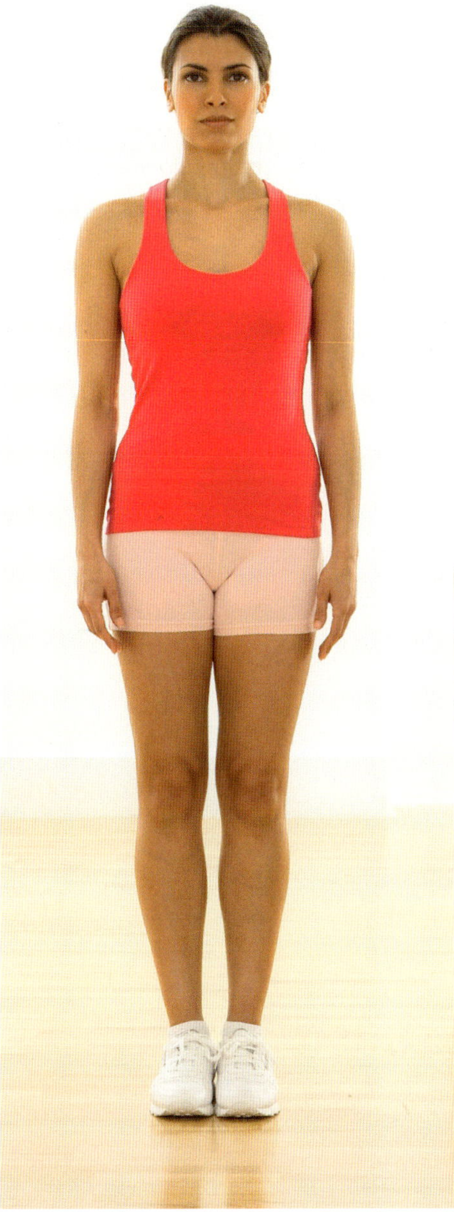

2 Expire e volte à posição inicial, girando o pé direito. Com os pés juntos e os braços relaxados junto do corpo, prepare-se para agachar do outro lado.

3 Apóie a ponta do pé esquerdo no chão e gire o corpo para a direita, na diagonal, agachando-se (de frente para o número 1 de um relógio imaginário). Ao mesmo tempo, erga os braços à frente do corpo, na altura dos ombros. Alterne os lados e repita conforme as instruções.

- **Repetições**: 10 em cada posição (de cada lado)

Afundo lateral

> **DICA DA JOAN**
>
> *A perna a ser trabalhada é flexionada; a de apoio fica reta.*

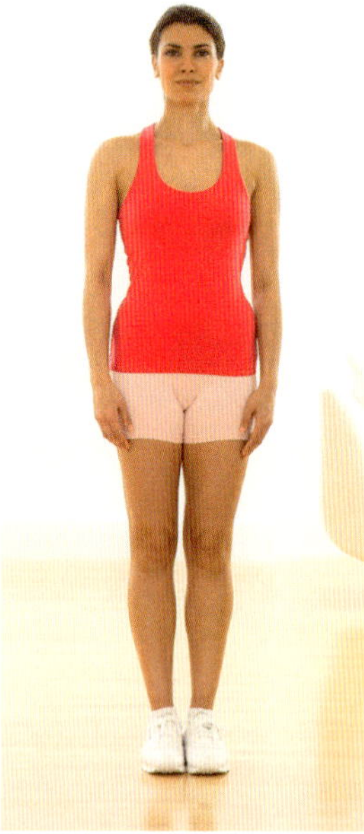

Fique em pé, com os pés juntos e os braços ao lado do corpo (*foto menor*). Flexione o joelho esquerdo e leve a perna direita para o lado, agachando-se (na direção do número 9 de um relógio imaginário). Ao mesmo tempo, passe o braço esquerdo por cima da cabeça. A perna direita fica estendida. Expire e volte à posição inicial; inspire e agache para a direita (número 3), repetindo todos os movimentos.

- **Repetições**: 10 em cada posição (de cada lado)

Retroversão

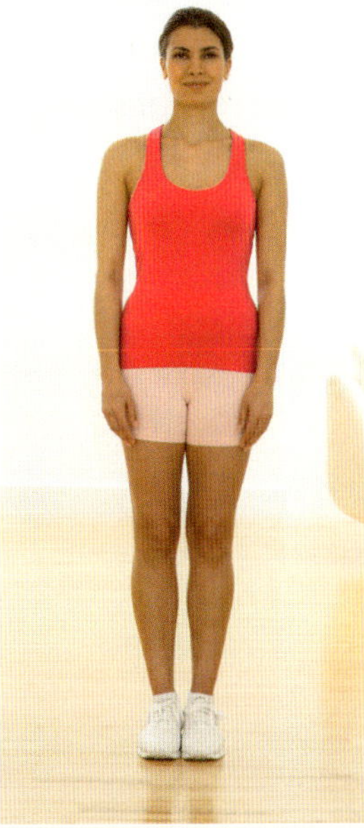

A partir da posição inicial (*foto menor*), dê um passo para trás com a perna direita, flexionando os dois joelhos e ao mesmo tempo erguendo os braços acima da cabeça (mãos viradas para dentro). Expire e volte à posição inicial, abaixando os braços. Troque de lado e repita conforme as instruções.

- **Repetições:** 10 em cada posição (de cada lado)

26-35 ANOS: PROGRAMA

O trabalho com halteres funciona como a prática de um esporte, pois exercitamos ao mesmo tempo os músculos, o equilíbrio e a coordenação motora. Este programa exige muito do abdome e do músculo extensor da coluna, principalmente para sustentar a região lombar nas posições inclinadas. Se você tiver problemas na coluna, escolha outro programa.

Meio agachamento com desenvolvimento

Ao movimentar as metades superior e inferior do corpo e treinar o equilíbrio, este exercício aciona diversos músculos, fazendo-os funcionar como uma unidade. Atividades que exigem apenas um braço ou uma perna são boas para a musculatura abdominal e a da coluna.

Comece no nível 1 e siga em seu próprio ritmo até os níveis 2 e 3	
NÍVEL 1	10 repetições com pesos de 1 kg: 1-2 séries
NÍVEL 2	12-15 repetições com pesos de 2 kg: 1-2 séries
NÍVEL 3	8-12 repetições com pesos de 4 kg: 2-3 séries

1 Fique em pé sobre a perna direita. Contraia o abdome e as nádegas para estabilizar o tronco. Segure um peso em cada mão, próximos aos ombros, mantendo os braços junto do corpo.

2 Ainda se equilibrando num só pé, inspire. Ao expirar, estique os braços para cima. Faça uma pausa breve.

3 Ao inspirar, abaixe os pesos até os ombros e, ainda sobre um só pé, flexione um pouco a perna direita. Expire enquanto estica a perna e repita a seqüência sem colocar o pé esquerdo no chão. Repita conforme as instruções e troque de lado.

DICA DA JOAN

Jogue o quadril para trás ao flexionar a perna. Alinhe o joelho da frente com a ponta do pé.

Alternativa mais fácil

Se você achar difícil executar este exercício sobre uma perna só, comece a seqüência com os dois pés no chão, até as pernas se fortalecerem.

Peso morto

Neste exercício você inclinará o tronco à frente, com a coluna reta, e voltará à posição inicial. Essa é uma boa maneira de fortalecer os músculos das costas, o glúteo máximo e os posteriores da coxa (*ver pp. 28-29*). Não faça o exercício se você tiver problemas na coluna.

Comece no nível 1 e siga em seu próprio ritmo até os níveis 2 e 3	
NÍVEL 1	10 repetições com pesos de 2 kg: 1-2 séries
NÍVEL 2	12-15 repetições com pesos de 4 kg: 1-2 séries
NÍVEL 3	8-12 repetições com pesos de 5-5,5 kg: 2-3 séries

1 Fique em pé, com os pés paralelos, alinhados ao quadril, e os joelhos retos mas não travados. Segure um peso em cada mão, na frente das coxas, com os braços estendidos e as palmas para trás. Contraia o abdome para proteger a coluna.

2 Incline o tronco à frente e leve os pesos até a altura da canela (você sentirá os músculos posteriores da coxa). Contraia os glúteos (*ver pp. 28-29*), expire e volte à posição inicial. Repita o movimento conforme as instruções.

Elevação posterior da perna

Este exercício desenvolve a força e o equilíbrio de todo o corpo. Os músculos do abdome e o extensor da coluna trabalham para estabilizar o tronco; a elevação da perna aciona os músculos posteriores da coxa e os glúteos; e os pesos mexem com a metade superior do corpo.

Comece no nível 1 e siga em seu próprio ritmo até os níveis 2 e 3	
NÍVEL 1	10 repetições com pesos de 2 kg: 1-2 séries
NÍVEL 2	12-15 repetições com pesos de 4 kg: 1-2 séries
NÍVEL 3	20 repetições com pesos de 5 kg: 1-2 séries

1 Com um peso em cada mão, apóie todo o peso do corpo na perna esquerda. Flexione o joelho, estique a coluna e incline o tronco para a frente, ao mesmo tempo em que estende a perna direita para trás e pousa a ponta do pé no chão.

2 Continue a inclinar o tronco para a frente até as costas ficarem quase paralelas ao chão. Mantendo o quadril virado para a frente, procure levantar a perna direita (estendida) até a altura do quadril. Abaixe a perna sem tocar o pé no chão e volte a levantá-la. Faça todas as repetições de um lado e depois do outro.

Plié com elevação frontal dos ombros

Este exercício aciona os músculos adutores, os posteriores da coxa, os glúteos e o quadríceps. Para aproveitá-lo ao máximo, contraia a parte interna das coxas e as nádegas ao esticar as pernas. Com a elevação frontal dos braços, você realiza dois exercícios em um.

Comece no nível 1 e siga em seu próprio ritmo até os níveis 2 e 3	
NÍVEL 1	10 repetições com peso de 2 kg: 1-2 séries
NÍVEL 2	12-15 repetições com peso de 4 kg: 1-2 séries
NÍVEL 3	8-12 repetições com peso de 5 kg: 2-3 séries

1 Em pé, com as pernas afastadas um pouco além da linha do quadril, jogue o peso do corpo sobre os calcanhares e vire as pernas para fora, formando um ângulo de 45°. Segure um peso com os braços estendidos na frente do corpo.

2 Inspire e flexione os joelhos até as coxas ficarem paralelas ao solo; ao mesmo tempo, eleve os braços até a altura dos ombros. Expire e contraia as nádegas e a parte interna das coxas, voltando à posição inicial. Repita conforme as instruções.

Remada alternada com inclinação do tronco

Para ter um tórax bem esculpido, é preciso exercitar o músculo grande dorsal (*ver pp. 28-29*), que dá às costas o formato em "V". Fortalecendo-o de ambos os lados, você melhora a postura e, conseqüentemente, a silhueta.

Comece no nível 1 e siga em seu próprio ritmo até os níveis 2 e 3	
NÍVEL 1	10 repetições com pesos de 2 kg: 1-2 séries
NÍVEL 2	12-15 repetições com pesos de 4 kg: 1-2 séries
NÍVEL 3	8-12 repetições com pesos de 5-5,5 kg: 2-3 séries

1 Incline o tronco para a frente, deixando-o paralelo ao chão. Mantenha as costas retas, porém respeitando a curvatura natural da região lombar. Segure um peso em cada mão, estenda os braços para o chão e vire as palmas para dentro.

2 Empurre a escápula direita na direção da coluna, flexione o cotovelo direito e puxe o peso para cima, contra a cintura, mantendo o cotovelo próximo ao corpo. Estique lentamente o braço para baixo e repita do outro lado. (Considere essa uma repetição.) Repita conforme as instruções, alternando os braços.

Alternativa para iniciantes
Se você não conseguir realizar o exercício desse jeito, execute-o sentada numa cadeira, pois o efeito será o mesmo.

Crucifixo invertido/extensão do ombro

Hábitos como sentar-se de qualquer jeito ao volante, ao computador e no sofá e carregar os filhos no colo afetam a coluna. Esta combinação de exercícios ataca os músculos posturais e áreas problemáticas como a parte de trás do braço.

Comece no nível 1 e siga em seu próprio ritmo até os níveis 2 e 3	
NÍVEL 1	10 repetições com pesos de 1 kg: 1 série
NÍVEL 2	12-15 repetições com pesos de 2 kg: 1 série
NÍVEL 3	8-12 repetições com pesos de 4 kg: 1 série

1 Segure um peso em cada mão, com as palmas viradas para dentro, estique a coluna e incline o tronco à frente até ele ficar quase paralelo ao chão.

2 Inspire e, ao expirar, levante os braços para os lados, até a altura dos ombros. Os cotovelos devem ficar semiflexionados e os pulsos retos. Procure manter a curvatura natural da coluna e os joelhos semiflexionados.

3 Inspire e, lentamente, volte à posição original. Continue mantendo a curvatura natural da coluna.

4 Na próxima expiração, erga os braços para trás (um pouco acima das costas). Os braços ficam estendidos, mas não rígidos, e mantenha a curvatura natural da coluna. Repita a seqüência conforme as instruções.

Alternativa mais fácil
Caso você tenha problemas na coluna ou não tenha força no abdome, execute este exercício sentada numa cadeira.

DICA DA JOAN

Se você achar a seqüência muito cansativa, faça os exercícios separadamente.

Flexão de braço com um toque

Comece esta série avançada de flexões de peito ajoelhada no chão, com as mãos afastadas 8-10 cm e um pouco à frente da linha dos ombros. Contraia o abdome para manter as costas retas. Você pode pousar as canelas no chão ou cruzá-las no ar (como eu prefiro).

Comece no nível 1 e siga em seu próprio ritmo até os níveis 2 e 3	
NÍVEL 1	5-8 repetições (de cada lado): 1 série
NÍVEL 2	10-12 repetições (de cada lado): 1 série
NÍVEL 3	15-20 repetições (de cada lado): 1 série

1 A partir da posição inicial (*foto menor*), flexione os cotovelos para fora, em ângulo reto, e abaixe o tronco.

2 Expire e estenda os braços, levando o tronco para cima. Quando ele estiver no alto, toque a mão esquerda com a direita e volte à posição inicial. Repita conforme as instruções, alternando as mãos.

Tríceps com coice

Este exercício clássico isola o tríceps com um único movimento do braço. Esta versão o deixa mais interessante porque envolve o corpo todo. Quando vários músculos são acionados para estabilizar e equilibrar o corpo, simulamos o que acontece no dia-a-dia.

Comece no nível 1 e siga em seu próprio ritmo até os níveis 2 e 3	
NÍVEL 1	10 repetições com peso de 1 kg: 1-2 séries
NÍVEL 2	12-15 repetições com peso de 2 kg: 1-2 séries
NÍVEL 3	8-12 repetições com peso de 4-5 kg: 1-2 séries

1 No chão, apóie-se nos joelhos e nas mãos e a seguir estenda a perna esquerda para trás, na altura do quadril. Segure um peso na mão direita e flexione o cotovelo em ângulo reto, mantendo o braço próximo ao corpo.

2 Expire e estique o braço direito, sem travar o cotovelo. A seguir, volte à posição inicial, com o cotovelo em ângulo reto. Repita conforme as instruções, troque de lado e comece de novo.

DICA DA JOAN

Os ombros e o quadril devem estar retos e o tronco paralelo ao solo.

Rosca concentrada

Trabalhando um braço de cada vez, de forma concentrada, você descobrirá eventuais desequilíbrios entre os dois lados do corpo. Para corrigir o problema, comece pelo lado mais fraco, passe para o mais forte e depois volte para o mais fraco.

Comece no nível 1 e siga em seu próprio ritmo até os níveis 2 e 3	
NÍVEL 1	10 repetições com peso de 2 kg: 1-2 séries
NÍVEL 2	12-15 repetições com peso de 4 kg: 1-2 séries
NÍVEL 3	8-12 repetições com peso de 5 kg: 2-3 séries

1 Segurando um peso com a mão esquerda, sente-se numa cadeira. Coloque a mão direita na coxa direita e incline o tronco para a frente. Encoste o cotovelo esquerdo na parte interna da coxa esquerda e estique o braço para baixo. Inspire.

2 Expirando, flexione o cotovelo esquerdo e contraia o bíceps, puxando o peso na direção do ombro. Faça uma pausa e, devagar, estenda novamente o braço, mantendo a tensão no músculo. Repita conforme as instruções, troque de lado e comece de novo.

Abdominal completa

Esta é uma variação eficiente da abdominal porque trabalha as partes superior e inferior do músculo reto abdominal (*ver pp. 28-29*) num só movimento. Para manter a tensão do músculo constante, não relaxe na posição inicial.

Comece no nível 1 e siga em seu próprio ritmo até os níveis 2 e 3	
NÍVEL 1	10 repetições: 1-2 séries
NÍVEL 2	12-15 repetições: 1-2 séries
NÍVEL 3	20 repetições: 1-2 séries

1 Deitada de costas, flexione os joelhos, deixando os pés no chão (*foto menor*). Flexione os cotovelos e ponha as mãos nas orelhas. Contraia o abdome e puxe as pernas na direção do tronco, tirando do chão a cabeça, a nuca e os ombros.

2 Mantenha a cabeça erguida ao abaixar os ombros e o quadril; bata a ponta dos pés no chão. Repita o movimento conforme as instruções.

Rotação do tronco com peso

Este exercício trabalha os músculos oblíquos (*ver pp. 28-29*), que correm na lateral do abdome, tornando-os mais firmes e deixando o tronco mais definido. Inicie a rotação da parte de cima e de baixo do corpo contraindo bem o abdome.

Comece no nível 1 e siga em seu próprio ritmo até os níveis 2 e 3	
NÍVEL 1	10 repetições com peso de 1 kg: 1-2 séries
NÍVEL 2	12-15 repetições com peso de 2 kg: 1-2 séries
NÍVEL 3	12-15 repetições com peso de 4 kg: 1-2 séries

1 Deite de costas e flexione os joelhos em ângulo reto, pousando a sola dos pés no chão. Segure um peso horizontalmente, com as duas mãos, acima do peito.

2 Gire a parte de cima do corpo para a direita, cruzando sobre o peito o braço esquerdo e aproximando o braço direito do chão. Ao mesmo tempo, deixe os joelhos caírem para a esquerda. Repita do outro lado (essa é uma repetição completa). Repita, alternando os lados.

Rotação do tronco com peso: avançado

Esta variação com as pernas elevadas é mais intensa. Encoste toda a coluna no chão e aperte as pernas, uma contra a outra. Use a respiração para estabelecer o ritmo do exercício, movimentando os braços e as pernas, coordenadamente.

Comece no nível 1 e siga em seu próprio ritmo até os níveis 2 e 3	
NÍVEL 1	10 repetições com peso de 1 kg: 1-2 séries
NÍVEL 2	12-15 repetições com peso de 2 kg: 1-2 séries
NÍVEL 3	12-15 repetições com peso de 4 kg: 1-2 séries

1 Deite de costas com as pernas para cima e os joelhos flexionados em ângulo reto. Segure um peso horizontalmente acima do tórax, com os cotovelos flexionados em ângulo reto. Inspire. Ao expirar, contraia o abdome para estabilizar as costas no solo. Inspire mais uma vez.

2 Ao expirar, curve a parte superior do corpo para cima, estendendo os braços e levando o peso para a direita. Ao mesmo tempo, gire as pernas para a esquerda; deixe os joelhos e os tornozelos unidos. Inspire ao voltar à posição inicial. Expire e repita o movimento do outro lado. (Essa é uma repetição.) Repita conforme as instruções.

O alongamento dos músculos energiza o corpo e protege-o contra o processo de envelhecimento. A flexibilidade muscular proporciona mais agilidade, graças aos movimentos mais fluidos e joviais.

treino de **flexibilidade**

56-65 anos pp. 122-129

46-55 anos pp. 130-133

36-45 anos pp. 134-137

26-35 anos pp. 138-141

INTRODUÇÃO À **FLEXIBILIDADE**

A redução da flexibilidade é um aspecto normal do envelhecimento, mas você pode combater o problema, seja qual for sua idade. Alguns minutos de alongamento diário ajudam a manter o corpo flexível e os músculos maleáveis, contra-atacando o desgaste da vida cotidiana e permitindo-lhe manter uma aparência jovial e uma vida ativa.

O que é flexibilidade?

A capacidade de alongar-se depende de fatores genéticos e de hábitos diários. A estrutura óssea e a extensão dos tecidos moles que a envolvem (músculos, tendões e ligamentos) determinam a amplitude dos movimentos das juntas. Algumas articulações, a exemplo daquelas afetadas pela artrite, podem ser rígidas; outras, como as de um contorcionista, soltas. Todo mundo, porém, deve ter flexibilidade suficiente para executar as tarefas do dia-a-dia.

Os benefícios do alongamento

Nada nos envelhece mais do que má postura e movimentos curtos e espasmódicos. A força da gravidade e a desidratação gradual dos tecidos corpóreos nos fazem encolher ao longo do tempo, mas o alongamento pode ajudar a restaurar a altura perdida. Nenhum cosmético reduzirá sua idade aparente com tanta eficiência como o simples fato de permanecer em pé um pouco mais ereta.

Os músculos mantêm o esqueleto alinhado em todas as posições. Alguns deles têm a tendência natural de ficar curtos e tensos, enquanto outros tendem a se esticar e relaxar. Os exercícios de alongamento ajudam a compensar esse desequilíbrio e a melhorar o alinhamento. Uma postura comum entre as pessoas é curvar os ombros para a frente, deixando as costas arqueadas. A solução para o problema é alongar os músculos do peito e dos ombros (que são curtos e tensos) e fortalecer o pescoço e os músculos das costas (que são longos e fracos).

***A flexibilidade** é uma característica individual, e algumas pessoas são mais flexíveis que outras. Pode ser ainda que um lado do corpo seja mais flexível do que outro. Tente este alongamento.*

Como prevenir dores e lesões

A má postura crônica pode causar dores e deixar os músculos mais propensos a lesões. Dor de cabeça, dor no pescoço e tensão nos ombros, dor no nervo ciático, no quadril e nos joelhos podem ser sintoma de má postura. Além disso, músculos encurtados são mais sujeitos a lesões. Todavia, ao melhorar nossa mobilidade, o alongamento aumenta nossa eficiência em todas as atividades, de modo que elas passam a exigir menos esforço e a nos deixar menos cansadas.

O alongamento alivia a tensão, relaxa a musculatura e refresca a cabeça. Como qualquer praticante de ioga sabe, sustentar um alongamento é uma espécie de meditação em movimento que reduz o estresse.

Como se alongar

Sou defensora do alongamento estático, no qual a idéia é induzir o músculo a alongar-se. Alongue-se devagar até sentir um puxão no centro do músculo. Mantenha a posição: quando o músculo é alongado pela primeira vez, impulsos nervosos transmitem-lhe o sinal para se contrair e evitar uma distensão, mas após 20 segundos os impulsos nervosos diminuem e o músculo relaxa, permitindo-lhe avançar um pouco no alongamento. Para evitar lesões, mova-se devagar e nunca faça movimentos bruscos. Músculos frios são menos maleáveis; logo, aqueça-os primeiro com cinco minutos de corrida leve ou exercícios ritmados. Alongue-se sempre após os exercícios, para encompridar os músculos submetidos ao esforço e evitar que fiquem tensos e doloridos.

Concentre-se no músculo em questão e estabilize o resto do corpo. Não tenha pressa e lembre-se de respirar. Algumas pessoas acham o alongamento estressante (em geral, elas têm músculos tensos), mas respirar ajuda a relaxar e a aprofundar ainda mais o alongamento.

A constituição genética e o estilo de vida *influenciam o nível de flexibilidade. Mas, mesmo que você não seja naturalmente flexível, pode melhorar com o alongamento regular. Faça dele um hábito diário.*

56-65 ANOS: ALONGAMENTO

Pratique estes exercícios regularmente para aumentar a flexibilidade da região lombar e dos músculos posteriores da coxa (*ver pp. 28-29*) e para melhorar sua pontuação no teste de flexibilidade (*ver pp. 22-23*). A rotação da pelve combina a contração abdominal com um giro leve.

Rotação da pelve

1 Deite de costas, com os joelhos flexionados, a sola dos pés no chão e os braços estendidos ao lado do corpo. Mantenha a curvatura natural da coluna na região lombar. Inspire e procure encher a barriga de ar.

2 Expire com força, contraindo o abdome. Num movimento contínuo, encoste a região lombar no chão e empurre o quadril para cima, a 2,5 cm do chão. Fique assim por 3 segundos, volte à posição inicial e repita.

- **Repetições:** 15-20

Flexão unilateral do joelho

Comece com uma rotação da pelve (*ao lado*). Inspire e segure a coxa com as mãos; ao expirar, puxe o joelho na direção do ombro. Fique assim por 10 segundos. Volte à posição inicial, troque de lado e repita.

- **Repetições:** 1-3 (de cada lado)

Flexão simultânea dos joelhos

1 Comece como no exercício anterior; depois, puxe também a perna esquerda, alinhando-a com a direita. Deixe os joelhos ligeiramente separados.

2 Inspire. Ao expirar, puxe as duas pernas na direção do ombro, tirando a região lombar do chão. Sustente a posição por 3 segundos, volte ao início e repita.

- **Repetições:** 1-3

Músculos posteriores da coxa

1 Deite de costas, com os joelhos flexionados e a sola dos pés no chão. Segure a coxa direita com as mãos e puxe a perna contra o tórax. Talvez você comece a sentir o alongamento nessa posição; caso contrário, continue pela etapa 2.

Mais esforço
Estenda a perna esquerda quando erguer a direita; mas faça isso apenas se você puder deixar a perna direita reta e em ângulo de 90º.

2 Estique a perna direita para cima de modo que ela forme um ângulo reto com o chão. Mantenha a posição por 20-30 segundos, abaixe a perna, troque de lado e repita.

- **Repetições:** 1-3 (de cada lado)

Rotação do quadril

1 Deite de costas, com os joelhos flexionados e a sola dos pés no chão. Estenda os braços para o lado, na altura do ombro, e vire as palmas para baixo.

2 Mantendo os joelhos e os pés juntos, empurre as pernas para a direita e gire a cabeça na direção oposta. Mantenha a posição por 20-30 segundos, troque de lado e repita.

- **Repetições:** 1-3 (de cada lado)

Esfinge

1 Deite em decúbito frontal, colocando uma toalha dobrada sob a testa para alinhar de forma correta a cabeça, o pescoço e a coluna. Flexione os braços e pouse os antebraços no chão, com as palmas viradas para baixo. Contraia bem a musculatura abdominal.

2 Tire o tronco do chão e alongue a coluna empurrando a cabeça para a frente. Abaixe as escápulas e empurre-as para trás. Enquanto ergue o tronco, deslize os cotovelos para a frente, alinhando-os com os ombros. Mantenha o quadril preso ao solo e respire normalmente. Mantenha a posição por 20-30 segundos.

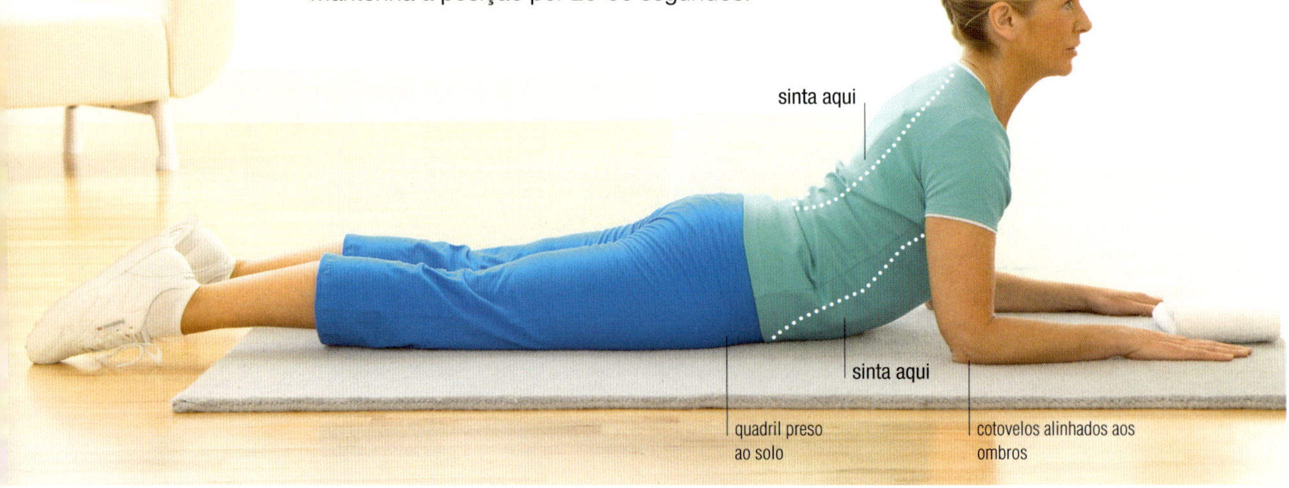

Postura da criança

1 Ajoelhe-se num colchonete ou numa superfície bem acolchoada. Os joelhos devem ficar embaixo do quadril e os pulsos embaixo dos ombros. Mantenha a cabeça, o pescoço e a coluna alinhados.

2 Sente sobre os calcanhares e incline-se para a frente, com os braços estendidos, até a testa tocar o chão. Relaxe o corpo e alongue-se. Mantenha a posição por 20-30 segundos.

Arco e curva

1 Ajoelhe-se e posicione os joelhos embaixo do quadril e os pulsos embaixo dos ombros. Mantenha a cabeça, o pescoço e a coluna alinhados. As costas devem estar retas, mas respeitando a curvatura natural da coluna na região lombar.

2 Respirando normalmente, enrole a coluna de modo a elevar as costas e formar um arco, com a cabeça abaixada e o quadril encaixado.

3 Inverta a posição: leve a cabeça para cima e curve a região lombar de modo a formar um “C”. Se você tiver problemas nas costas, deixe a coluna em posição neutra, sem estendê-la demais.

- **Repetições:** 1-3

DICA DA JOAN

Se você tiver problemas nas costas, exercite-se com movimentos de menor amplitude.

46-55 ANOS: ALONGAMENTO

Faça do alongamento um hábito e mantenha-se flexível pela vida afora. Isso é ainda mais importante se você for do tipo "emperrada". Como os músculos da perna são maiores que os da metade superior do corpo, eles devem ser alongados (*pp. 132-133*) por 20-30 segundos. Ao expirar, aproveite para ampliar o alongamento.

Alongamento do tórax

Em pé, endireite a coluna. Abra o tórax e relaxe os ombros. Olhe para a frente e mantenha a cabeça reta. Entrelace as mãos atrás do corpo e erga os braços quanto puder. Sustente a posição por 10-15 segundos, respirando normalmente.

- **Repetições:** 1-2

Parte posterior dos ombros

Com a coluna reta, estenda os braços à frente, na altura dos ombros. Entrelace os pulsos e as mãos (os polegares devem ficar virados para baixo). Estique os braços para a frente o máximo possível e mantenha a posição por 10-15 segundos.

- **Repetições:** 1-2

Alongamento lateral do tronco

Entrelace os dedos e vire as palmas para fora. Estenda os braços e levante-os acima da cabeça. Estique-os tanto quanto puder. Sustente a posição por 10-15 segundos.

- **Repetições:** 1-2

Alongamento de tríceps e tronco

Levante os braços acima da cabeça e cruze-os como na foto. Mantendo a cabeça bem no meio dos braços, incline o tronco para um lado. Sustente a posição por 10-15 segundos de cada lado.

- **Repetições:** 1-2 (de cada lado)

Panturrilha

Fique em pé na beirada de um step. Passe a perna esquerda por trás da direita (*como na foto*) e abaixe o calcanhar direito em direção ao solo. Alongue a panturrilha por 20-30 segundos, sem se mexer. Repita com a outra perna.

- **Repetições:** 1-2 (de cada lado)

Quadríceps

Em pé, com os pés paralelos e afastados na largura do quadril, dobre a perna direita para trás, segurando o pé ou o tornozelo com a mão direita. Mantenha a perna de apoio semiflexionada e os joelhos virados para a frente. Alongue a coxa por 20-30 segundos, sem se mexer. Repita com a outra perna.

- **Repetições:** 1-2 (de cada lado)

Músculo flexor do quadril

Ponha o pé esquerdo sobre o step e estenda a perna direita para trás. Alinhe o joelho e o tornozelo esquerdos e pouse as mãos sobre a coxa esquerda. Apóie a perna direita sobre a ponta do pé e gire a pelve à frente para alongar o músculo flexor do quadril. Sustente a posição por 20-30 segundos, sem se mexer. Repita do outro lado.

- **Repetições:** 1-2 (de cada lado)

Músculos posteriores da coxa

Estenda a perna direita e pouse o calcanhar no step, com a ponta do pé para cima. Semiflexione o joelho esquerdo e incline o tronco à frente, mantendo as costas retas e o quadril imóvel. Sustente por 20-30 segundos. Repita do outro lado.

- **Repetições:** 1-2 (de cada lado)

36-45 ANOS: ALONGAMENTO

O alongamento com bola pode ser muito eficiente, pois ela sustenta o corpo, aliviando a tensão nas articulações e permitindo maior amplitude dos movimentos. Posicione-se de forma segura sobre a bola e volte à posição inicial de forma adequada (*ver pp. 34-35*). Quando for o caso, lembre-se de alongar os dois lados.

Alongamento da coluna

Antes de tentar o alongamento completo da coluna, faça o alongamento do tórax (*ver foto menor*). Se você não tiver dificuldade, estique os braços e as pernas e role a bola para baixo, enquanto arqueia as costas. Aproxime os braços do chão ao máximo e sustente a posição por 15-30 segundos.

- **Repetições:** 1

DICA DA JOAN

Cuidado: não faça este exercício se você tiver qualquer tipo de problema nas costas.

Alongamento do tórax
Apóie a cabeça, o pescoço, os ombros e as costas na bola. Dobre as pernas e plante os pés no chão. Estenda os braços para o lado, um pouco acima dos ombros. Mude a posição dos braços para sentir o alongamento de vários ângulos.

Postura da criança com rotação do tronco

1 Ajoelhe-se numa superfície acolchoada, com as pernas afastadas na largura do quadril e os braços esticados sobre a bola, alinhados com os ombros. Sente-se nos calcanhares e continue a esticar o tronco para a frente até sentir o alongamento na lateral do tórax e no ombro. Sustente a posição por 15-30 segundos.

2 A partir da posição anterior, role a bola para a direita, girando o tronco ligeiramente. A mão esquerda ficará no alto e a direita quase perto do solo. Mantenha o quadril sobre os calcanhares e a cabeça bem no meio dos braços. Sustente a posição por 15-30 segundos e troque de lado.

- **Repetições:** 1 em cada posição

Alongamento dos oblíquos

Sente na bola em posição neutra (*ver p. 34*); contraia o abdome e incline o tronco para a frente, mantendo a coluna reta. Tire os calcanhares do chão, levante o braço direito acima da cabeça e olhe para a mão que está no alto. Ponha a mão esquerda no joelho direito. Sustente por 15-30 segundos e repita do outro lado.

- **Repetições:** 1 de cada lado

Alongamento posterior da coxa

Sente-se na bola com as pernas alinhadas com o quadril. Estique a perna direita para a frente e mantenha a esquerda flexionada (*foto menor*). Incline o tronco à frente, com as costas retas, até sentir um puxão na parte posterior da perna direita. Sustente por 15-30 segundos e repita do outro lado.

- **Repetições:** 1 (de cada lado)

Flexor do quadril

Sente na bola e estenda a perna direita para trás. Pressione a ponta do pé contra o chão para estabilizar o corpo. A perna esquerda permanece flexionada na posição inicial. Gire a bola para a frente e segure a posição por 15-30 segundos. Troque de lado e repita.

- **Repetições:** 1 (de cada lado)

> **DICA DA JOAN**
>
> *Encaixando o quadril, você leva a bola 2,5-5 cm para a frente e intensifica o alongamento.*

Alongamento do 4 (parte externa da coxa)

Deitada de costas, flexione as pernas e apóie os calcanhares no alto da bola. Ponha o tornozelo esquerdo sobre o joelho direito e puxe a bola na sua direção até sentir o alongamento na parte externa da coxa esquerda. Mantenha a posição por 15-30 segundos, troque de lado e repita.

- **Repetições:** 1 (de cada lado)

26-35 ANOS: ALONGAMENTO

Esta seqüência é baseada em posturas da ioga. Em vez de alongar diversas partes do corpo isoladamente, ela aciona vários grupos musculares ao mesmo tempo, trabalhando tanto a flexibilidade quanto o equilíbrio da musculatura. Mantenha cada uma das posições por 15-30 segundos.

Seqüência do guerreiro modificada

1 Em pé, leve a perna direita à frente, flexionada. Estenda a perna esquerda para trás e apóie todo o pé no chão. Entrelace os polegares e erga os braços acima da cabeça, a qual deve ficar bem no meio dos braços.

2 Com as pernas ainda na mesma posição, abaixe os braços para os lados até o nível dos ombros. Mantenha as palmas viradas para baixo.

3 Com os braços estendidos para o lado, leve o pé esquerdo para a frente, flexione a perna direita e vire o pé direito para fora (90º). Estenda o tronco para a esquerda.

4 Pouse a mão direita na coxa direita, para se equilibrar, estenda o braço esquerdo para cima e incline o tronco para a direita.

Continua na outra página ▶

5 Endireite o tronco e volte à posição 2: perna direita à frente, flexionada; braços estendidos para o lado, na altura dos ombros; palmas viradas para baixo (*ver p. 138*).

6 Com o calcanhar esquerdo bem plantado no chão, ponha as mãos no quadril e incline o tronco para a frente, com a coluna reta, até as costas ficarem paralelas ao solo.

7 Suba o tronco e jogue o peso do corpo sobre a perna direita. Dobre a perna esquerda para trás, segurando o pé com a mão. Estenda o braço direito à frente, na altura do ombro, com a palma virada para baixo. Repita toda a seqüência do outro lado.

- **Repetições:** 1 (de cada lado), mantendo cada posição por 15-30 segundos

Use um apoio
Se achar difícil equilibrar-se numa perna só, use o espaldar de uma cadeira como apoio.

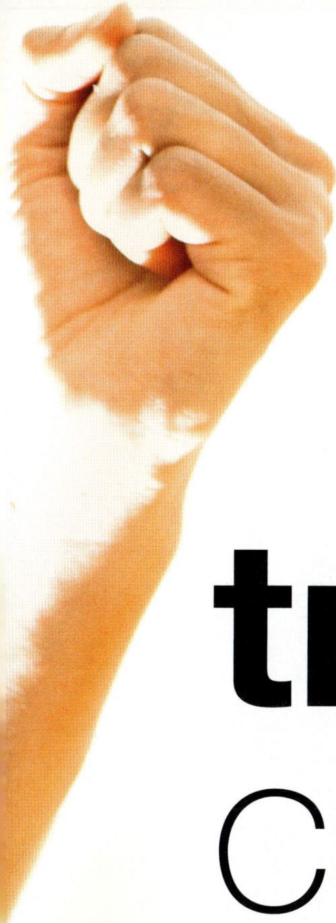

A vitalidade depende do bom funcionamento do sistema cardiovascular. Como o coração é um músculo que se fortalece quando treinado, quanto mais ativa você for, mais jovem se sentirá.

treino cardio-vascular

56-65 anos pp. 148-149

46-55 anos pp. 150-151

36-45 anos pp. 152-153

26-35 anos pp. 154-155

INTRODUÇÃO

O condicionamento cardiovascular (aeróbico) é um dos aspectos mais importantes da boa forma física. Com coração e pulmões fortalecidos, você tem mais energia, menos risco de desenvolver doenças cardíacas e taxas de colesterol melhores. Um bom condicionamento cardiovascular também é fator decisivo no controle do peso.

O coração sadio é eficiente, bombeia mais sangue a cada batimento e, assim, oxigena melhor os músculos submetidos a esforço. Como qualquer outro músculo, o coração precisa ser exercitado segundo os padrões de freqüência, intensidade e tempo (*ver p. 12*).

Tipos de exercício aeróbico

Qualquer atividade que envolva a contração ritmada de grandes grupos musculares (pernas, costas, braços) por mais de 5 minutos é aeróbica. Ou seja, são exercícios aeróbicos dançar, caminhar, correr, andar de bicicleta, patinar, esquiar, subir escadas e nadar, entre outras.

Escolhi a caminhada para nosso treino cardiovascular porque é um exercício popular e de acesso universal. Entretanto, você pode seguir as mesmas orientações para qualquer atividade aeróbica de sua preferência. Cada programa de caminhada de oito semanas tem um objetivo diferente em termos de benefícios cardiovasculares a serem alcançados.

Zona-alvo de treinamento (método Karvonen: 60%-80% da freqüência cardíaca de reserva - FCR)

FC em repouso	Idade								
	25-29	30-34	35-39	40-44	45-49	50-54	55-59	60-64	mais de 65
menos de 50	133-164	130-160	127-156	124-152	121-148	118-144	115-140	112-136	109-134
50-54	135-165	132-161	129-157	126-153	123-149	120-145	117-141	114-137	111-135
55-59	137-166	134-162	131-158	128-154	125-150	122-146	119-142	116-138	113-136
60-64	139-167	136-163	133-159	130-155	127-151	124-147	121-143	118-139	115-137
65-69	141-168	138-164	135-160	132-156	129-152	126-148	123-144	120-140	117-138
70-74	143-169	140-165	137-161	134-157	131-153	128-149	125-145	122-141	119-139
75-79	145-170	142-166	139-162	136-158	133-154	130-150	127-146	124-142	121-140
80-85	147-171	144-167	141-163	138-159	135-155	132-151	129-147	126-143	123-141
mais de 85	149-172	146-168	143-164	140-160	137-156	134-152	131-148	128-144	125-142

Freqüência, intensidade, tempo

Esses três fatores dependem do objetivo do programa de exercícios. Para reduzir o risco de problemas cardíacos, recomenda-se meia hora de caminhada vigorosa (ou outro exercício de intensidade leve ou moderada) na maior parte dos dias da semana. Se você não puder fazer tudo de uma vez, some 30 minutos em doses menores. Alguns especialistas recomendam andar 10 mil passos (cerca de 8 km) por dia. Se o objetivo for o condicionamento aeróbico, são precisos 20-30 minutos na zona-alvo de treinamento (*ver tabela na página ao lado*), três vezes por semana. Para emagrecer, são necessários 45-60 minutos de exercícios diários de intensidade moderada.

Estabeleça sua zona de treinamento

Sua freqüência cardíaca máxima (FCM) – o número de vezes que o coração bate durante um exercício de muito esforço – determina a intensidade com que você deve trabalhar: leve, moderada ou alta. A tradicional fórmula "220 menos a idade" oferece uma estimativa da FCM; mas, como ninguém consegue sustentar esse nível de esforço por muito tempo, trabalhamos com 65% a 95% da FCM.

Por exemplo, uma mulher de 40 anos tem FCM de 180 batidas por minuto (220 menos 40). Os porcentuais em sua série de exercícios são os seguintes:

- 65% de 180 = 117
- 75% de 180 = 135
- 85% de 180 = 153
- 95% de 180 = 171

Nesse caso, a zona-alvo de treinamento mais baixa é 117-135 batimentos por minuto (BPM); a moderada, 135-153; a máxima, 153-171. A fórmula é segura para qualquer pessoa, inclusive para idosos e iniciantes.

O método Karvonen

O método Karvonen (freqüência cardíaca de reserva – FCR) decompõe em fatores a FC em repouso (*ver pág. 18*) e é adequado para indivíduos mais jovens e com bom condicionamento físico. Suponha que nossa mulher de 40 anos e FCM estimada em 180 BPM tenha FC em repouso de 70. A FCR é a diferença entre a FCM e a FC em repouso: 180 – 70 = 110. A fórmula é um pouco complicada: primeiro, tira-se um percentual da FCR e depois se adiciona a FC em repouso para chegar à zona de treinamento de 60% a 80% da FCR. (A tabela ao lado faz os cálculos.) Observe que os níveis percentuais são mais baixos que no exemplo anterior, porque esta fórmula propicia um treinamento mais agressivo.

Uma vez identificada a zona de treinamento, utilize um monitor de freqüência cardíaca durante o exercício para se manter dentro dos limites certos.

Índice de esforço percebido (IEP)

Uma maneira simples de avaliar a intensidade do exercício é o índice de esforço percebido (IEP). Ele classifica a intensidade do exercício numa escala de 1 a 10 segundos, de acordo com a sua percepção de esforço, que alia as sensações de esforço e cansaço. Como alternativa, ou acréscimo, use o "teste da conversa", uma medida simples de intensidade do esforço físico. Você deve ser capaz de conversar, mas não de cantar. Se não conseguir conversar, o esforço está excessivo; se puder cantar, está leve demais. A escala a seguir combina IEP, teste da conversa e FCR.

IEP 1	Muito leve; pode cantar em voz alta
IEP 2-3	Leve; pode falar; FCR aquecimento/recuperação
IEP 4-5	Moderado; esforço para falar 40%-50% da FCR
IEP 6-7	Intenso; mais esforço para falar; 60%-70% da FCR
IEP 8-9	Muito intenso; muito esforço para falar; 80%-90% da FCR
IEP 10	Esforço máximo; sem fala; 100% da FCR

O equipamento

O equipamento básico é um bom par de tênis de caminhada. Escolha um modelo com sistema de amortecimento no calcanhar e solas flexíveis para não pressionar os dedos (você deve ser capaz de mexer os dedos livremente).

Tênis de corrida não são a melhor opção para a caminhada, pois seu sistema de amortecimento é projetado para passadas rápidas e de alto impacto. O solado grosso dos tênis de corrida é muito duro para caminhar; ele pode dar bolhas nos pés e prender-se a pequenas saliências do piso.

Experimente o tênis de caminhada no fim do dia, quando os pés estão um pouco inchados, e use as meias que você costuma calçar para caminhar. O tênis deve ser confortável assim que sai da caixa: não compre a idéia de que ele vai lassear.

Quando estiver muito frio ao ar livre, proteja a cabeça e as mãos. Use roupas leves sobrepostas, que possam ser vestidas ou retiradas com facilidade.

Quando o tempo estiver quente, vista roupas leves e folgadas para manter-se fresca. Proteja a pele contra o sol e evite o calor do meio-dia.

Lembre-se de beber bastante água antes, durante e depois do exercício – no momento em que sentimos sede, já estamos a caminho da desidratação, que pode prejudicar tanto o desempenho

Fortalecimento da parte inferior das pernas

Os músculos da parte inferior das pernas precisam ser fortalecidos para suportar o esforço.

Andar com o calcanhar

Caminhar pisando com o calcanhar fortalece o músculo tibial anterior e é um bom treino para o impacto na região.

Andar na ponta dos pés

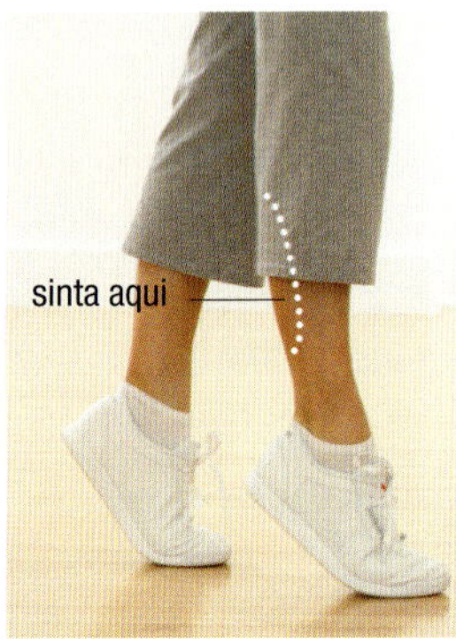

Caminhar na ponta dos pés fortalece os músculos gastrocnêmio e sóleo e é um bom exercício de impulso.

Postura correta ao caminhar

Ela minimiza o risco de lesão e fadiga e maximiza os benefícios. Mantenha o abdome contraído.

Mantenha-se ereta, com a cabeça reta; olhe para a frente. Abra o tórax e relaxe os ombros e as costas. Contraia o abdome e mantenha o alinhamento natural da coluna. Caminhe com os braços flexionados em ângulo reto e balance-os em oposição às pernas.

como a saúde. Leve uma garrafa de água e tome quatro goles a cada 20 minutos. Durante a caminhada você pode sentir cãibras e pontadas na lateral do corpo. Para combater as cãibras, alongue o músculo oposto. Por exemplo, se tiver um espasmo na panturrilha, contraia os músculos da canela: coloque o pé embaixo de um apoio fixo e tente virá-lo para cima. No caso de uma pontada, diminua a marcha, respire profundamente e massageie a área próxima ao diafragma.

Como aprimorar a técnica

A ação do pé ao caminhar envolve pisar no chão com o calcanhar, depois com a sola dos pés e finalmente com os dedos, que realizam o impulso para a frente, para o próximo passo.

O comprimento da passada depende da constituição física do caminhante e da velocidade da caminhada. Para ter uma idéia do comprimento de sua passada, fique em pé, com os pés juntos, e incline-se à frente, a partir dos tornozelos. Quando começar a perder o equilíbrio, leve uma perna à frente e observe onde o pé toca o chão. Quando adquirir alguma prática e quiser apressar o passo, você terá de encurtar o comprimento da passada.

Desenvolva a técnica da caminhada andando com o calcanhar e com a ponta dos pés (*ver quadro na página lado*). Dê entre 10 e 20 passos com cada pé. Finalmente, pratique a pisada correta, do calcanhar aos dedos.

Para aumentar a velocidade, exercite a fase da ação de impulso do pé. A cada vez que pisar, faça contato com o solo a partir do calcanhar e dê o impulso para o próximo passo com os dedos. É comum levantar o pé prematuramente e deixar de aproveitar a aceleração. Mantenha o pé em contato com o solo tanto quanto possível. Balance os braços em oposição às pernas. Para apressar o passo, acelere o balanço dos braços. As pernas seguirão a cadência dos membros superiores.

Alongamento pós-caminhada

O exercício só estará encerrado depois que você se alongar e tomar um copo de água. Sustente os alongamentos por 20-30 segundos em cada perna.

Quadríceps

Em pé sobre a perna esquerda, semiflexione o joelho. Dobre a perna direita para trás, puxando-a na direção das nádegas.

Posteriores da coxa

Em pé sobre a perna esquerda, flexione o joelho. Estique a perna direita à frente e apóie o calcanhar no chão. Incline o tronco.

Panturrilha

Dê um passo grande para trás com a perna direita e empurre o calcanhar para baixo. Flexione a perna esquerda.

Canela

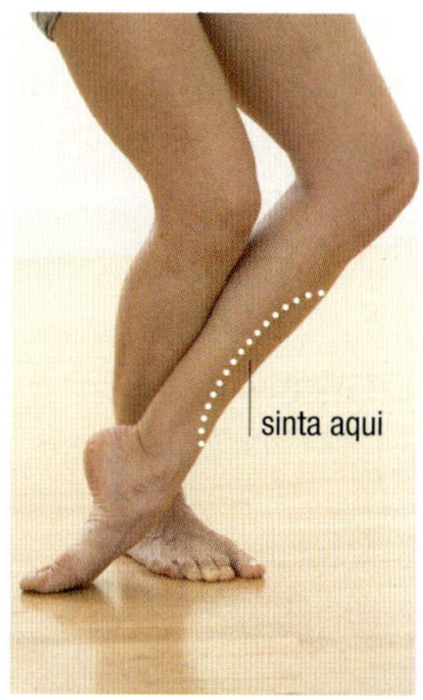

Passe a perna esquerda sobre a direita e apóie no chão o topo do pé esquerdo. Empurre a perna esquerda com a direita.

56-65 ANOS: CAMINHADA

Este programa se destina às iniciantes ou a quem está retomando os exercícios após um longo intervalo. A meta é condicionar o sistema cardiovascular e os músculos para adaptá-los à atividade física. Você evoluirá de forma constante para sessões mais longas e de intensidade moderada. Não se preocupe com a distância percorrida nem com a velocidade.

Benefícios à saúde

Estudos recentes mostram que caminhar reduz o risco de câncer de mama, gordura abdominal (associada a doenças cardíacas), fratura da bacia e dores nas costas. Caminhadas diárias de meia hora (junto com a redução do tempo dedicado à TV para menos de 10 horas semanais) podem diminuir de maneira significativa o risco de obesidade e diabetes. Todos esses problemas de saúde afetam a idade corporal porque limitam sua capacidade de levar uma vida ativa.

Segundo os especialistas, os adultos devem fazer ao menos meia hora de exercícios de intensidade moderada quase todos os dias da semana. Porém, pesquisas revelam que três sessões de 10 minutos ou duas de 15 minutos oferecem o mesmo benefício. Se esse esquema lhe parece melhor, estabeleça um padrão: 10 minutos de manhã, 10 minutos na hora do almoço e 10 minutos à noite, por exemplo. Se você já faz várias sessões de exercício ao longo do dia, pode evoluir a partir da situação atual.

Como começar

- Se você for iniciante, estabeleça um ritmo e não exagere no início.
- Nas semanas 1-3, seu objetivo é um IEP de 2-3, ritmo de aquecimento e recuperação (*ver p. 145*). Na semana 4, quando aumentar o ritmo para um IEP de 4-5, caminhe em passo mais lento nos 5 minutos iniciais e finais.
- Diminua o ritmo se achar que não conseguiria manter uma conversa, se seu coração levar mais de 5 minutos para voltar ao ritmo normal, se tiver tontura ou dificuldade para respirar.
- Alongue-se após todas as sessões de caminhada (*ver p. 147*).

Ponha os exercícios na agenda

Para ter sucesso no programa de caminhada, escolha uma hora favorável no seu dia e atenha-se a ela. Se você tiver tempo para caminhar de manhã, as distrações do dia vão atrapalhar menos. Sempre haverá distrações, portanto faça do exercício uma prioridade.

Algumas pessoas gostam de caminhar ao final do dia para aliviar a tensão. Exercícios ritmados e leves à noite têm um efeito calmante, e uma caminhada curta pode ajudá-la a dormir. Exercícios mais vigorosos, contudo, podem ser estimulantes demais e interferir no sono.

A caminhada é um exercício versátil, que pode ser feito em diferentes locais. Se você caminha pelas ruas, calce tênis com sistema de amortecimento e preste atenção a obstáculos, como buracos. Em parques urbanos, procure áreas abertas e caminhe em horários movimentados. Essas pistas costumam ter a distância demarcada, o que facilita o monitoramento da velocidade. As esteiras oferecem a vantagem de ter uma superfície uniforme e antiimpacto, com velocidade e inclinação ajustáveis, leitura instantânea do tempo de exercício, da distância percorrida e das calorias gastas, além de proteção contra as intempéries.

56-65 anos programa de caminhada básico de 8 semanas

emana	Segunda	Terça	Quarta	Quinta	Sexta	Sábado	Domingo
1 ssões de 15-18 minutos	15 min IEP 2-3	15 min IEP 2-3	15 min IEP 2-3	18 min IEP 2-3	18 min IEP 2-3	18 min IEP 2-3	Descanso
2 sessões e 20-22 minutos	20 min IEP 2-3	20 min IEP 2-3	20 min IEP 2-3	22 min IEP 2-3	22 min IEP 2-3	22 min IEP 2-3	Descanso
3 sessões e 25-30 minutos	25 min IEP 2-3	25 min IEP 2-3	25 min IEP 2-3	30 min IEP 2-3	30 min IEP 2-3	30 min IEP 2-3	Descanso
4 sessões e 15-18 minutos	15 min IEP 4-5	15 min IEP 4-5	15 min IEP 4-5	18 min IEP 4-5	18 min IEP 4-5	18 min IEP 4-5	Descanso
5 sessões e 20-22 minutos	20 min IEP 4-5	20 min IEP 4-5	20 min IEP 4-5	22 min IEP 4-5	22 min IEP 4-5	22 min IEP 4-5	Descanso
6 sessões e 25-28 minutos	25 min IEP 4-5	25 min IEP 4-5	25 min IEP 4-5	28 min IEP 4-5	28 min IEP 4-5	28 min IEP 4-5	Descanso
7 sões de minutos	30 min IEP 4-5	30 min IEP 4-5	30 min IEP 4-5	30 min IEP 4-5	30 min IEP 4-5	30 min IEP 4-5	Descanso
8 sões de minutos	40 min IEP 4-5	40 min IEP 4-5	40 min IEP 4-5	40 min IEP 4-5	40 min IEP 4-5	40 min IEP 4-5	Descanso

IEP = índice de esforço percebido (*ver p. 145*)

46-55 ANOS: CAMINHADA

Assim que tiver estabelecido um programa básico e regular de caminhada e estiver caminhando por meia hora no IEP 4-5 seis vezes por semana (*ver pp. 148-149*), você estará pronta para acelerar o passo. Este programa exige um percurso com medida para que você possa comparar seus tempos.

Benefícios do exercício aeróbico

O exercício aeróbico é essencial para a perda de peso; e caminhadas longas em passo rápido queimam mais calorias. Por exemplo, uma mulher com 65,8 kg que andasse por meia hora a passos vigorosos de 6 km/h queimaria cerca de 157 calorias; andando a passos moderados de 5 km/h, ela queimaria por volta de 114 calorias.

O movimento rítmico dos grandes grupos musculares faz o organismo gastar muitas calorias. Quarenta e cinco gramas de gordura corporal contêm 3.500 calorias. Se aumentar o esforço para queimar 300 calorias extras por dia e ingerir 200 calorias a menos, você poderá perder 45 g de gordura por semana.

Fazer dieta sem exercícios não é saudável, pois ela pode diminuir o metabolismo, aumentar o apetite e reduzir a massa muscular. Já os exercícios ativam o metabolismo, reduzem o apetite e conservam o tecido muscular. Emagrecer com exercícios é, antes de tudo, perder gordura; se você praticar exercícios com regularidade, reduzirá a gordura acumulada em todo o corpo, substituindo-a por músculos magros e firmes. O ganho em tecido muscular magro e a perda do excesso de gordura resultam em uma silhueta mais definida e medidas menores.

Novas pesquisas ressaltam outro importante benefício à saúde promovido pela atividade física: ao reduzir a cintura, você também combate a gordura que envolve os órgãos e eleva o risco de doenças cardíacas (*ver pp. 14-15*). Não apenas suas roupas servirão melhor, como você viverá o bastante para aproveitar sua nova aparência.

Dicas para um ritmo de moderado a intenso

- Flexione os braços a 90º e deixe os cotovelos junto do corpo. Relaxe as mãos. Mova os braços a partir dos ombros, não dos cotovelos.
- Balance os braços com energia para ampliar o movimento (para acelerar o passo, balance os braços mais depressa).
- Balance os braços para a frente e para trás como pêndulos e não deixe que eles cruzem o corpo.
- Para acelerar, encurte os passos. Dê passos menores e mais rápidos e balance os braços.
- Inspire e expire de forma sincronizada com as suas passadas.

Aquecimento e desaquecimento

Inicie os exercícios com um aquecimento de cerca de 5 minutos. No caso da caminhada, o melhor aquecimento é começar a andar devagar para preparar os músculos que serão acionados. O ideal é que você tenha tempo para alongar-se após o aquecimento. Caso isso não seja possível, parta imediatamente para a caminhada em si. No final, reserve 5 minutos para diminuir o ritmo e desaquecer devagar. Depois de terminar o exercício, alongue os músculos (*ver pp. 150-151*). Se você dispuser de tempo para alongar-se apenas uma vez, faça-o após a conclusão do trabalho aeróbico.

46-55 anos programa de caminhada moderado de 8 semanas

emana	Segunda	Terça	Quarta	Quinta	Sexta	Sábado	Domingo
1 ssões de eia hora	Aquecimento: 5 min 1,6 km: 20 min Desaq.: 5 min	Aquecimento: 5 min 1,6 km: 20 min Desaq.: 5 min	Aquecimento: 5 min 1,6 km: 20 min Desaq.: 5 min	Aquecimento: 5 min 1,6 km: 20 min Desaq.: 5 min	Aquecimento: 5 min 1,6 km: 20 min Desaq.: 5 min	Aquecimento: 5 min 1,6 km: 20 min Desaq.: 5 min	Descanso
2 ssões de minutos	Aquecimento: 5 min 2,4 km: 30 min Desaq.: 5 min	Aquecimento: 5 min 2,4 km: 30 min Desaq.: 5 min	Aquecimento: 5 min 2,4 km: 30 min Desaq.: 5 min	Aquecimento: 5 min 2,4 km: 30 min Desaq.: 5 min	Aquecimento: 5 min 2,4 km: 30 min Desaq.: 5 min	Aquecimento: 5 min 2,4 km: 30 min Desaq.: 5 min	Descanso
3 ssões de minutos	Aquecimento: 5 min 3,2 km: 40 min Desaq.: 5 min	Aquecimento: 5 min 3,2 km: 40 min Desaq.: 5 min	Aquecimento: 5 min 3,2 km: 40 min Desaq.: 5 min	Aquecimento: 5 min 3,2 km: 40 min Desaq.: 5 min	Aquecimento: 5 min 3,2 km: 40 min Desaq.: 5 min	Aquecimento: 5 min 3,2 km: 40 min Desaq.: 5 min	Descanso
4 ssões de minutos	Aquecimento: 5 min 3,2 km: 38 min Desaq.: 5 min	Aquecimento: 5 min 3,2 km: 38 min Desaq.: 5 min	Aquecimento: 5 min 3,2 km: 38 min Desaq.: 5 min	Aquecimento: 5 min 3,2 km: 38 min Desaq.: 5 min	Aquecimento: 5 min 3,2 km: 38 min Desaq.: 5 min	Aquecimento: 5 min 3,2 km: 38 min Desaq.: 5 min	Descanso
5 ssões de minutos	Aquecimento: 5 min 3,2 km: 36 min Desaq.: 5 min	Aquecimento: 5 min 3,2 km: 36 min Desaq.: 5 min	Aquecimento: 5 min 3,2 km: 36 min Desaq.: 5 min	Aquecimento: 5 min 3,2 km: 36 min Desaq.: 5 min	Aquecimento: 5 min 3,2 km: 36 min Desaq.: 5 min	Aquecimento: 5 min 3,2 km: 36 min Desaq.: 5 min	Descanso
6 ssões de minutos	Aquecimento: 5 min 3,2 km: 34 min Desaq.: 5 min	Aquecimento: 5 min 3,2 km: 34 min Desaq.: 5 min	Aquecimento: 5 min 3,2 km: 34 min Desaq.: 5 min	Aquecimento: 5 min 3,2 km: 34 min Desaq.: 5 min	Aquecimento: 5 min 3,2 km: 34 min Desaq.: 5 min	Aquecimento: 5 min 3,2 km: 34 min Desaq.: 5 min	Descanso
7 ssões de minutos	Aquecimento: 5 min 3,2 km: 32 min Desaq.: 5 min	Aquecimento: 5 min 3,2 km: 32 min Desaq.: 5 min	Aquecimento: 5 min 3,2 km: 32 min Desaq.: 5 min	Aquecimento: 5 min 3,2 km: 32 min Desaq.: 5 min	Aquecimento: 5 min 3,2 km: 32 min Desaq.: 5 min	Aquecimento: 5 min 3,2 km: 32 min Desaq.: 5 min	Descanso
8 ssões de minutos	Aquecimento: 5 min 3,2 km: 30 min Desaq.: 5 min	Aquecimento: 5 min 3,2 km: 30 min Desaq.: 5 min	Aquecimento: 5 min 3,2 km: 30 min Desaq.: 5 min	Aquecimento: 5 min 3,2 km: 30 min Desaq.: 5 min	Aquecimento: 5 min 3,2 km: 30 min Desaq.: 5 min	Aquecimento: 5 min 3,2 km: 30 min Desaq.: 5 min	Descanso

36-45 ANOS: CAMINHADA

Para preparar o coração para trabalhar no limite superior de sua zona de treinamento, você precisa intensificar o exercício. Entretanto, antes você já deverá ter estabelecido uma base sólida de condicionamento aeróbico, como o que pode ser conquistado com o programa de caminhada para a faixa de 46-55 anos, nas páginas 150-151.

Zona-alvo de treinamento

Os benefícios do condicionamento cardiovascular surgem quando o coração trabalha na zona-alvo de treinamento. Se sua freqüência cardíaca estiver muito baixa, o treino não será eficaz; se estiver alta demais, você não conseguirá manter a atividade e logo se cansará. Quando o condicionamento melhora, o corpo torna-se mais eficiente e você passa a realizar mais esforço com freqüência cardíaca relativamente mais baixa.

Intervalos de grande intensidade

Os intervalos são determinados por dois fatores: intensidade e duração. Você pode aumentar a intensidade acelerando o passo ou subindo colinas e rampas, que oferecem resistência.

Você pode usar tanto um percentual da FCM como um IEP (*ver p. 145*) correspondente como medida de intensidade. Uma regra prática para determinar o padrão dos intervalos é descansar o dobro do tempo de duração do esforço máximo. Em outras palavras, se você fizer 1 minuto de exercícios de intensidade alta, descanse por 2 minutos.

Cuidado: a maioria dos especialistas aconselha a não utilizar pesos ou tornozeleiras para aumentar o esforço em razão do risco de lesões nas articulações.

Benefícios do exercício vigoroso

Trabalhar no nível máximo da zona-alvo de treinamento traz benefícios adicionais à saúde. Estudo recente estabeleceu uma ligação entre exercício de alta intensidade e longevidade. Se você estiver tentando emagrecer, essa é também uma maneira mais eficiente de queimar calorias.

Como este programa funciona

- Ao longo do programa, que inclui intervalos de treinamento, a duração do esforço aumenta. A semana 1 começa com uma caminhada de meia hora em ritmo uniforme e IEP 6-7; na semana 8 são 50 minutos.
- A intensidade também aumenta. Em dias alternados há intervalos de treinamento (IT), breves segmentos de exercícios de alta e baixa intensidade. Por exemplo, 1 minuto em IEP 8-9 e 2 minutos em IEP 4-5 na semana 1, seguidos de 3 minutos em IEP 8-9 e 6 minutos em IEP 4-5 na semana 4.
- Cada IT começa com 10 minutos de aquecimento, ou 5 minutos em IEP 2-3, ou 5 minutos em IEP 4-5. E acaba com 5 minutos de desaquecimento em IEP 2-3.

Técnica da caminhada vigorosa

Use as técnicas abaixo quando fizer a transição do ritmo moderado (5 km/h) ou rápido (6 km/h) para o intenso (7-8 km/h):

- Dê passos mais curtos e rápidos.
- Concentre-se no impulso.
- Balance os braços com vigor.
- Incline o tronco ligeiramente à frente a partir dos tornozelos, e não do quadril.
- Caminhe sobre uma linha imaginária, como se estivesse numa corda bamba.

36-45 anos Programa de 8 semanas com IT e alta intensidade

nana	Segunda	Terça	Quarta	Quinta	Sexta	Sábado	Domingo
1 ões de ia hora	30 min passo uniforme, IEP 6-7	Aquec.: 10 min + 5 intervalos de 1 min, IEP 8-9, alternados com 2 min, IEP 4-5 Desaq.: 5 min	30 min passo uniforme, IEP 6-7	Aquec.: 10 min + 5 intervalos de 1 min, IEP 8-9, alternados com 2 min, IEP 4-5 Desaq.: 5 min	30 min passo uniforme, IEP 6-7	Aquec.: 10 min + 5 intervalos de 1 min, IEP 8-9, alternados com 2 min, IEP 4-5 Desaq.: 5 min	Descanso
2 ões de ia hora	30 min passo uniforme IEP 6-7	Aquec.: 10 min + 5 intervalos de 1 min, IEP 8-9, alternados com 2 min, IEP 4-5 Desaq.: 5 min	30 min passo uniforme, IEP 6-7	Aquec.: 10 min + 5 intervalos de 1 min, IEP 8-9, alternados com 2 min, IEP 4-5 Desaq.: 5 min	30 min passo uniforme, IEP 6-7	Aquec.: 10 min + 5 intervalos de 1 min, IEP 8-9, alternados com 2 min, IEP 4-5 Desaq.: 5 min	Descanso
3 ões de inutos	45 min passo uniforme IEP 6-7	Aquec.: 10 min + 5 intervalos de 2 min, IEP 8-9, alternados com 4 min, IEP 4-5 Desaq.: 5 min	45 min passo uniforme IEP 6-7	Aquec.: 10 min + 5 intervalos de 2 min, IEP 8-9, alternados com 4 min, IEP 4-5 Desaq.: 5 min	45 min passo uniforme IEP 6-7	Aquec.: 10 min + 5 intervalos de 2 min, IEP 8-9, alternados com 4 min, IEP 4-5 Desaq.: 5 min	Descanso
4 ões de inutos	45 min passo uniforme IEP 6-7	Aquec.: 10 min + 5 intervalos de 2 min, IEP 8-9, alternados com 4 min, IEP 4-5 Desaq.: 5 min	45 min passo uniforme IEP 6-7	Aquec.: 10 min + 5 intervalos de 2 min, IEP 8-9, alternados com 4 min, IEP 4-5 Desaq.: 5 min	45 min passo uniforme IEP 6-7	Aquec.: 10 min + 5 intervalos de 2 min, IEP 8-9, alternados com 4 min, IEP 4-5 Desaq.: 5 min	Descanso
5 ões de inutos	45 min passo uniforme IEP 6-7	Aquec.: 10 min + 3 intervalos de 3 min, IEP 8-9, alternados com 6 min, IEP 4-5 Desaq.: 5 min	45 min passo uniforme IEP 6-7	Aquec.: 10 min + 3 intervalos de 3 min, IEP 8-9, alternados com 6 min, IEP 4-5 Desaq.: 5 min	45 min passo uniforme IEP 6-7	Aquec.: 10 min + 3 intervalos de 3 min, IEP 8-9, alternados com 6 min, IEP 4-5 Desaq.: 5 min	Descanso
6 ões de inutos	45 min passo uniforme IEP 6-7	Aquec.: 10 min + 3 intervalos de 3 min, IEP 8-9, alternados com 6 min, IEP 4-5 Desaq.: 5 min	45 min passo uniforme IEP 6-7	Aquec.: 10 min + 3 intervalos de 3 min, IEP 8-9, alternados com 6 min, IEP 4-5 Desaq.: 5 min	45 min passo uniforme IEP 6-7	Aquec.: 10 min + 3 intervalos de 3 min, IEP 8-9, alternados com 6 min, IEP 4-5 Desaq.: 5 min	Descanso
7 ões de inutos	50 min passo uniforme IEP 6-7	Aquec.: 10 min + 4 intervalos de 3 min, IEP 8-9, alternados com 6 min, IEP 4-5 Desaq.: 5 min	50 min passo uniforme IEP 6-7	Aquec.: 10 min + 4 intervalos de 3 min, IEP 8-9, alternados com 6 min, IEP 4-5 Desaq.: 5 min	50 min passo uniforme IEP 6-7	Aquec.: 10 min + 4 intervalos de 3 min, IEP 8-9, alternados com 6 min, IEP 4-5 Desaq.: 5 min	Descanso
8 ões de inutos	50 min passo uniforme IEP 6-7	Aquec.: 10 min + 4 intervalos de 3 min, IEP 8-9, alternados com 6 min, IEP 4-5 Desaq.: 5 min	50 min passo uniforme IEP 6-7	Aquec.: 10 min + 4 intervalos de 3 min, IEP 8-9, alternados com 6 min, IEP 4-5 Desaq.: 5 min	50 min passo uniforme IEP 6-7	Aquec.: 10 min + 4 intervalos de 3 min, IEP 8-9, alternados com 6 min, IEP 4-5 Desaq.: 5 min	Descanso

IEP = índice de esforço percebido (*ver p. 145*)

26-35 ANOS: CAMINHADA

Mesmo que você tenha um treinamento cardiovascular bem estabelecido, é preciso variá-lo para continuar a evoluir, pois o corpo acaba por se adaptar a qualquer tipo de exercício. Esteja você tentando perder peso, fortalecer a musculatura ou melhorar o desempenho esportivo, o truque é sempre desafiar o corpo.

Mudanças na rotina

Quando seguimos a mesma rotina por mais de alguns meses, os sistemas cardiovascular e muscular deixam de avançar. Porém, sempre é possível otimizar os resultados trocando alguma variável do treino (*ver pp. 12-13*) e/ou o tipo de exercício. Você pode, por exemplo, seguir um dos programas deste livro por 8 semanas e depois mudar para outro.

Incremento dos resultados

Ao contrário de programas cardiovasculares (aeróbicos) com foco único, este treinamento combina distância, velocidade e intervalos de treinamento. A mistura de fatores de treinamento oferece um estímulo à mudança e pode ajudá-la a alcançar seus objetivos, sejam eles a redução de gordura, o aumento da resistência cardiovascular ou o aumento da velocidade de caminhada.

Estabelecer sua zona-alvo de treinamento será útil para determinar a intensidade adequada para diferentes exercícios. Determine sua zona de treinamento de acordo com uma das fórmulas descritas na página 144. Uma vez que tenha se familiarizado com sua própria pulsação e com a relação entre ela e sua percepção de esforço, você poderá sintonizar-se rapidamente com a intensidade adequada. Procure apenas lembrar-se de que, quanto mais condicionada você estiver, mais vigor terá de empregar a cada exercício para chegar ao mesmo nível de esforço.

Como seguir este programa

- Como no programa anterior (*ver pp. 152-153*), intervalos de alta e baixa intensidade são incorporados às sessões. Neste caso, porém, os dias de IT variam de forma a estimular o desenvolvimento cardiovascular.
- Como no programa anterior, cada IT começa com 10 minutos de aquecimento, sendo 5 minutos em IEP 2-3 e 5 minutos em IEP 4-5. Cada IT termina com um desaquecimento de 5 minutos em IEP 2-3.
- Assim que você tiver atingido um bom condicionamento, verifique se está se exercitando com a intensidade correta para continuar evoluindo. Um monitor de FC é útil para garantir o desafio contínuo ao coração e aos pulmões.

Segurança

Reserve 10 minutos para o aquecimento e 5 para o desaquecimento. É melhor desaquecer devagar após um exercício vigoroso – parar de forma abrupta pode levar o sangue a acumular-se nos membros, o que provoca vertigem ou tontura. Para desaquecer de maneira segura, diminua o ritmo da caminhada até a pulsação cair para menos de 120 batimentos por minuto. Só então pare de andar.

Cuidado: se após se exercitar sentir falta de ar, vertigem ou enjôo, ou então fadiga ou fome excessiva, reduza a intensidade do exercício.

26-35 anos programa de 8 semanas com desafios ampliados

mana	Segunda	Terça	Quarta	Quinta	Sexta	Sábado	Domingo
1 sões de 30-60 ninutos	60 min passo uniforme IEP 6-7	Aquec.: 10 min + 5 intervalos de 1 min, IEP 8-9 alternados com 2 min, IEP 4-5 Desaq.: 5 min	45 min passo uniforme IEP 6-7	Aquec.: 10 min + 5 intervalos de 2 min, IEP 8-9 alternados com 4 min, IEP 4-5 Desaq.: 5 min	60 min passo uniforme, IEP 6-7	Aquec.: 10 min + 5 intervalos de 1 min, IEP 8-9 alternados com 2 min, IEP 4-5 Desaq.: 5 min	Descanso
2 sões de 30-60 ninutos	45 min passo uniforme IEP 6-7	60 min passo uniforme IEP 6-7	Aquec.: 10 min + 5 intervalos de 1 min, IEP 8-9 alternados com 2 min, IEP 4-5 Desaq.: 5 min	45 min passo uniforme IEP 6-7	Aquec.: 10 min + 5 intervalos de 2 min, IEP 8-9 alternados com 4 min, IEP 4-5 Desaq.: 5 min	60 min passo uniforme IEP 6-7	Descanso
3 sões de 30-60 ninutos	Aquec.: 10 min + 5 intervalos de 1 min, IEP 8-9 alternados com 2 min, IEP 4-5 Desaq.: 5 min	45 min passo uniforme IEP 6-7	60 min passo uniforme IEP 6-7	Aquec.: 10 min + 3 intervalos de 3 min, IEP 8-9 alternados com 6 min, IEP 4-5 Desaq.: 5 min	45 min passo uniforme IEP 6-7	Aquec.: 10 min + 4 intervalos de 3 min, IEP 8-9 alternados com 6 min, IEP 4-5 Desaq.: 5 min	Descanso
4 sões de 30-60 ninutos	60 min passo uniforme IEP 6-7	45 min passo uniforme IEP 6-7	Aquec.: 10 min + 5 intervalos de 1 min, IEP 8-9 alternados com 2 min, IEP 4-5 Desaq.: 5 min	60 min passo uniforme IEP 6-7	Aquec.: 10 min + 3 intervalos de 3 min, IEP 8-9 alternados com 6 min, IEP 4-5 Desaq.: 5 min	45 min passo uniforme IEP 6-7	Descanso
5 sões de 30-60 ninutos	Aquec.: 10 min + 4 intervalos de 3 min, IEP 8-9 alternados com 6 min, IEP 4-5 Desaq.: 5 min	60 min passo uniforme IEP 6-7	45 min passo uniforme IEP 6-7	Aquec.: 10 min + 5 intervalos de 1 min, IEP 8-9 alternados com 2 min, IEP 4-5 Desaq.: 5 min	45 min passo uniforme IEP 6-7	60 min passo uniforme IEP 6-7	Descanso
6 sões de 30-60 ninutos	45 min passo uniforme IEP 6-7	Aquec.: 10 min + 3 intervalos de 3 min, IEP 8-9 alternados com 6 min, IEP 4-5 Desaq.: 5 min	60 min passo uniforme IEP 6-7	Aquec.: 10 min + 4 intervalos de 3 min, IEP 8-9 alternados com 6 min, IEP 4-5 Desaq.: 5 min	45 min passo uniforme IEP 6-7	Aquec.: 10 min + 5 intervalos de 1 min, IEP 8-9 alternados com 2 min, IEP 4-5 Desaq.: 5 min	Descanso
7 sões de 30-60 ninutos	60 min passo uniforme IEP 6-7	Aquec.: 10 min + 5 intervalos de 1 min, IEP 8-9 alternados com 2 min, IEP 4-5 Desaq.: 5 min	Aquec.: 10 min + 4 intervalos de 3 min, IEP 8-9 alternados com 6 min, IEP 4-5 Desaq.: 5 min	45 min passo uniforme IEP 6-7	60 min passo uniforme IEP 6-7	Aquec.: 10 min + 5 intervalos de 2 min, IEP 8-9 alternados com 4 min, IEP 4-5 Desaq.: 5 min	Descanso
8 sões de 30-60 ninutos	Aquec.: 10 min + 3 intervalos de 3 min, IEP 8-9 alternados com 6 min, IEP 4-5 Desaq.: 5 min	60 min passo uniforme IEP 6-7	Aquec.: 10 min + 5 intervalos de 2 min, IEP 8-9 alternados com 4 min, IEP 4-5 Desaq.: 5 min	60 min passo uniforme IEP 6-7	45 min passo uniforme IEP 6-7	Aquec.: 10 min + 5 intervalos de 1 min, IEP 8-9 alternados com 2 min, IEP 4-5 Desaq.: 5 min	Descanso

IEP = índice de esforço percebido (*ver p. 145*)

ENDEREÇOS ÚTEIS

NUTRIÇÃO

Associação Brasileira de Nutrição
O website da associação apresenta diversos artigos, publicações e notícias sobre saúde e nutrição.
www.asbran.org.br

Associação Brasileira para o Estudo da Obesidade e da Síndrome Metabólica
O site da Abeso traz notícias sobre obesidade e emagrecimento, dicas e receitas light. Aproveite para calcular o seu Índice de Massa Corporal (IMC).
www.abeso.org.br

My Pyramid
Website americano que ensina a quantidade correta de alimentos a ser ingerida. O Departamento de Agricultura dos Estados Unidos lançou o guia de alimentação MyPyramid para educar o público e ensiná-lo a fazer escolhas saudáveis (em inglês).
www.mypyramid.gov

RG Nutri
É um website comercial em que o usuário pode se informar sobre saúde e nutrição. A seção "Calorias e alimentos" traz uma lista completa de alimentos com todas as suas propriedades nutricionais e seus usos terapêuticos.
www.rgnutri.com.br

Sociedade Brasileira de Endocrinologia e Metabologia
Nesta página o usuário dispõe de uma área com informações sobre obesidade, perda de peso e cuidados com a alimentação.
www.endocrino.org.br

SAÚDE E BOA FORMA

Emedix
Portal de saúde com um amplo leque de informações sobre doenças, prevenção e tratamentos escritas por médicos. O site dispõe ainda de comunidades nas quais os internautas podem interagir e trocar experiências.
www.emedix.com.br

ÍNDICE REMISSIVO

A

abdominais, músculos 28, 29
abdominal
  alternada 78
  básica 57
  com bicicleta 77
  completa 115
  invertida 56
  oblíquos com bola 94
  teste de aptidão física 20
abdutor 28, 29
adutor 28, 29
aeróbico, exercício 19, 143-55
afundo e avanço
  afundo completo 98
  afundo e agachamento 46-7
  afundo e meio agachamento 68-9
  afundo para o lado 102
  afundo parcial 98
  avanço 99
  avanço com bola 86
  avanço diagonal 100-1
  retroversão 103
afundo para o lado 102
agachamento
  afundo e agachamento 46-7
  afundo e meio agachamento 68-9
  agachamento e elevação do joelho 87
  agachamento lateral com pesos 66
  com bola 85
alongamento 12, 13
  benefícios 120
  da coluna 134
  da panturrilha 132, 147
  da parte posterior dos ombros 130
  das costas (teste) 22-3, 24-6
  depois da caminhada 147
  desaquecimento 36-7
  de tríceps e tronco 131
  do flexor do quadril 133, 137
  do quadríceps 132, 147
  do 4 137
  do tórax 130
  dos músculos posteriores da coxa 124, 133, 136, 147
  dos oblíquos 136
  estático 121
  lateral 131
  treino de flexibilidade 119-41
andar com o calcanhar 146, 147
andar na ponta dos pés 146, 147
aquecimento 38-43, 58-64, 80-4, 98-103, 150, 154
  26-35: programa 98-103
  36-45: programa 80-4
  46-55: programa 58-64
  56-65: programa 38-43
  caminhada 150, 154
arco e curva 128-9
articulações, flexibilidade 12
  teste de flexibilidade 22-3, 24-6
  treino de flexibilidade 119-41
aterosclerose 12
avanço 99
  com bola 86
  diagonal 100-1

B

bíceps 28, 29
  rosca bíceps 93
  rosca bíceps dupla 54
  step com rosca bíceps 61
  toque atrás com rosca bíceps 43
bola de ginástica 34-5
boneco saltador 84

C

calçados 32, 146-7
calcanhar à frente 39
calorias 150
caminhada 145, 146-7
  26-35, 154-5
  36-45, 152-3
  46-55, 150-1
  56-65, 148-9
  vigorosa 152
câncer 12
canivete com bola 96, 97
cardiovascular, condicionamento 12, 13
  treino cardiovascular 143-55
  teste de aptidão física 18-9, 24-6
chute com elevação dos braços 82
cintura-quadril, proporção 14
colesterol 144
como encher bolas de ginástica 35
composição e forma corporal 14
condicionamento: avaliação 12-3
  cardiovascular, teste 18-9, 24-6
  e saúde 16
  flexibilidade, teste de 22-3, 24-6
  manutenção 27
  resistência, teste de 20-1, 24-6
controle de peso 144, 150

coração
  como medir a freqüência
    cardíaca 18-9, 24-6
  doença cardíaca 12, 14, 16,
    144, 145
  freqüência cardíaca de reserva,
    treino cardiovascular 145
  treino cardiovascular 143-55
  zona-alvo de treinamento 144,
    145, 152, 154
crucifixo 75
  invertido/extensão dos ombros
    110-11
cruzamento de braço 48-9

D

dança cossaca 83
deltóide 28, 29
desaquecimento 36-7,
  150, 154
desenvolvimento 51
desidratação 147

E

elevação dos ombros 72-3
elevação frontal dos ombros
  72-3
elevação lateral, passo e
  toque com 40
elevação posterior da perna 107
  com bola 88
empurrar/puxar a bola 95
equipamento, treino de resistência
  32-5
eretor da coluna 28, 29
esfinge 126
exercícios específicos 29

extensão
  do tornozelo 70
  do tríceps 92

F

faixa elástica 32-3
flexão/extensão
  dos ombros 53
flexão de braço: modificada 74
  com um toque 112
  teste de aptidão física 21
flexão simultânea do joelho 123
flexão unilateral do joelho 123
flexibilidade, treino de 119-41
força, treino de 12, 13
funcional, idade 8

G

gastrocnêmio 28, 29
ginástica, bola de 34-5
glúteo máximo 28, 29
gordura, composição e
  forma corporal 14
grande dorsal 28, 29
guerreiro, seqüência modificada
  do 138-41

I

idade funcional 8
índice de esforço percebido (IEP)
  145
índice de massa corporal (IMC)
  14-5
intensidade da caminhada 152

J

joelhos e braços para cima 67

K

Karvonen, método, treino
  cardiovascular 145

L

lesões 120
levantamento explosivo 44

M

maçã (tipo de corpo) 4
manutenção da boa forma 27
marcha
  ampla sem sair do lugar 39
  com bola 80-1
  sem sair do lugar 38, 39
meias 146
meio agachamento e
  desenvolvimento 104-5
metabolismo 150
músculos 28
  cãibras 147
  desaquecimento 36-7, 150, 154
  posteriores da coxa 28, 29

N

nádegas, exercícios para as 29

O

oblíquos 28, 29

P

panturrilha/tornozelo 50
PAR-Q (questionário e prontidão
  para a atividade física) 17
passo e toque 40
  com elevação lateral 40
  com supino 41

passo lateral 45
peitorais 28, 29
pêra (forma do corpo) 14
pés, técnica de
caminhada 147
peso morto 106
peso, controle de 35
pesos (halteres) 35
plié com elevação frontal dos
ombros 108
por cima do step 64
postura 12, 120, 146
postura da criança 127
com rotação do tronco 135
prancha com o joelho
flexionado 79
pressão arterial 12, 14, 33, 144
proporção cintura-quadril 14
pullover 90
pulsação 18-19

Q
quadríceps 29

R
relógio do equilíbrio 65
remada
alternada com inclinação do
tronco 109
simultânea 89
unilateral 71
resistência, treino de
20-1, 24-6
reto abdominal 29
retroversão 103
rombóide 28, 29
rosca bíceps dupla 54
rosca concentrada 114
rotação
da pelve 122
do quadril 125
do tronco com
peso 116-17
roupas 32, 146

S
saúde e boa forma 16
segurança, treino
cardiovascular 154
seqüência do guerreiro modificada
138-41
síndrome do túnel do carpo
33
sóleo 28, 29
step 33
aquecimento com 58-9
com pés alternados 60-1
com rosca bíceps 61
passo lateral 45
por cima do 64
teste de aptidão física 19
um pé de cada lado 62-3
supino
com pesos 91
inclinado 52
passo e toque 41

T
tendões 120
teste de aptidão física:
cardiovascular 18-9, 24-6
flexibilidade 22-3, 24-6
resistência 20-1, 24-6
tibial anterior 29
toque
atrás com rosca bíceps 43
atrás com tração dos braços
42
dos pés 43
transverso abdominal 29
trapézio 28, 29
treino de força (*ver treino de
resistência*)
treino de flexibilidade 12,
119-41
26-35: programa 138-41
36-45: programa 134-7
46-55: programa 130-3
56-65: programa 122-9
teste 22-3, 24-6
treino de resistência 12, 13,
31-117
26-35: programa 104-17
36-45: programa 85-97
46-55: programa 65-79
56-65: programa 44-57
aquecimento 38-43
desaquecimento 36-7
equipamento 32-5
teste de aptidão física 20-1,
24-6
tríceps 28, 29
alongamento 131
banco 76
com coice 113
com faixa elástica 55
extensão do 92

Z
zona-alvo de treinamento, treino
cardiovascular 145, 152, 154

AGRADECIMENTOS

Agradecimentos da autora

Um agradecimento especial a todos aqueles que me apoiaram neste esforço — minha família, meus amigos, minhas clientes e meus colegas. A James, por cuidar de mim com amor e comida; a minha irmã Lucy, por embarcar no projeto quando as coisas ficaram difíceis; a minha mãe, por me dar determinação. A Jackie, por me colocar no rumo certo muitos anos atrás. Obrigada às minhas clientes, pelo apoio e orientação. E a meus colegas de academia e de editora, pelo entusiasmo e pela generosidade.

Obrigada à DK pela equipe maravilhosa. A Mary-Clare Jerram e Carl Raymond, pela oportunidade de produzir este livro, e a Jenny Jones, pelos conselhos sábios. A Gillian Roberts, nos bastidores. A Irene, pela criatividade na solução de problemas e pela capacidade de organização. A Miranda, pela direção de arte brilhante. E a Ruth, por dar vida às fotos. E a todas as modelos, que sempre disseram: "Vou tentar".

Agradecimentos da editora

A Dorling Kindersley gostaria de agradecer à fotógrafa Ruth Jenkinson e aos seus assistentes Sarah, Emma, Vicki e Jono; a Viv Riley, do Touch Studios, por ajudar a tornar tudo fácil; às modelos Resi Harris, Denny Kemp, Sheri Staplehurst, Sally Way; a Roishin Donaghy, pelo penteado e pela maquiagem das modelos; a Rebecca Markley, pelo auxílio nas sessões de fotografia; a Hilary Bird, pelo índice remissivo; a Sonia Charbonnier, pelo apoio na diagramação. Agradecimentos especiais à Totally Fitness por nos emprestar a bola de ginástica. Todas as imagens © DK Images. Para mais informações, visite o website www.dkimages.com.

Créditos

As médias nas páginas 25-26 foram adaptadas do *Manual de teste e avaliação da ACM*, 4ª edição, com a permissão da Associação Cristã de Moços dos EUA, 101 N. Wacker Drive, Chicago, IL 60606.

SOBRE A AUTORA

Joan Pagano, membro da Phi Beta Kappa, graduada pelo Connecticut College, é licenciada em saúde e boa forma pelo Colégio Americano de Medicina Esportiva. Joan trabalha como *personal trainer* no Upper East Side de Manhattan desde 1988, oferecendo orientação e apoio profissional a pessoas com os mais diversos níveis de condicionamento. Ela já criou centenas de programas de treinamento para indivíduos, grupos, academias de ginástica, escolas, hospitais e empresas.

Atualmente, Joan dirige seu próprio negócio, o Joan Pagano Fitness Group. Durante muitos anos ela foi diretora do Programa de Certificação e Personal Trainers do Marymount Manhattan College, instituição onde ainda atua como professora de técnicas de avaliação física. Também é conhecida em todo o país pela oferta de reciclagem profissional por meio da IDEA (uma organização que oferece a instrutores de ginástica em todo o mundo educação continuada).

O conhecimento da saúde da mulher foi uma evolução natural do trabalho de Joan. As mulheres confiam nela para guiá-las nos momentos de transição física, como a gravidez e o parto, ou quando estão lutando contra uma doença. Como consultora de boa forma do SHARE, um grupo de apoio a pacientes com câncer, ela trabalha com sobreviventes da doença desde 1992. A preocupação das mulheres com a menopausa levou Joan a estudar como o exercício poderia combater os sintomas que surgem nesse período e, em especial, a osteoporose. Hoje, é reconhecida como uma autoridade no desenvolvimento de programas de exercícios contra a moléstia.